국가

The Republic

플라톤

다락원 | Spark Publishing

SPARKNOTES™ 029

국가

펴낸이 정규도
펴낸곳 (주)다락원

초판 1쇄 인쇄 2010년 1월 27일
초판 1쇄 발행 2010년 2월 4일

책임편집 안창열
디자인 정현석
번역 윤한정
표지삽화 손창복

다락원 경기도 파주시 교하읍 문발리 509-1
내용문의: (031)955-7272(내선 400)
구입문의: (02)736-2031(내선 112~114)
Fax:(02)732-2037
출판등록 1977년 9월 16일 제300-1977-23호

Copyright ⓒ 2010, 다락원

값 7,000원

ISBN   978-89-5995-194-9 43740

http://www.darakwon.co.kr
일이관지(一以貫之) 논술팀이 제시한 실전 연습문제 답안작성
논술가이드는 www.darakwon.co.kr에서 무료 제공합니다.

세계의 교양을 읽는다

고전을 왜 읽는가?

인간의 삶과 세상에 대한 영원한 물음이 있기 때문이다. 시대와 사상을 뛰어넘어 지금 여기 우리에게 필요한 물음이 없는 고전은 더 이상 고전이 아니다. 인간과 삶에 대한 근원적인 물음 없이 고전을 읽는다면 자신과 인간에 대한 성찰과 지혜로 이어지지 않는다. 논술 시험 때문에, 과제물 때문에, 아니면 남들이 읽으니까, 나도 읽는다는 식이라면 그 책은 죽은 책일 수밖에 없다.

고전을 살아 있는 책으로 만드는 이 '물음!'에 답하기 위해서는 좋은 길잡이가 필요하다. 오랜 기간 동안 미국의 고교생과 대학 주니어들이 시험, 에세이 작성, 심층토론 준비를 위해 바이블처럼 애용해온 'SPARKNOTES'와 'CliffsNotes'는 바로 그런 좋은 길잡이의 표본이다. 이 두 시리즈가 원조 논술연구모임인 '일이관지(一以貫之)' 팀의 촌철살인적 해설을 곁들여 논술로 고민중인 대한민국 학생 여러분을 찾아간다.

SPARKNOTES와 CliffsNotes의 가장 큰 장점은 방대하고 난해한 고전을 Chapter별로 요약하고 분석해서 원전의 내용에 보다 쉽고 체계적으로 접근하는 신속·간편성이라고 할 수 있다. 여기에 '一以貫之' 팀이 원전의 중요한 문제의식, 즉 근원적 '물음'은 무엇이며, 그 '물음'은 오늘날에도 여전히 유효한가, 라는 질문을 다시 던진다.

대입논술로 고민하고, 자칭 타칭의 고전이 넘쳐나는 오늘의 독서풍토에서 지적 정복이 긴박한 대한민국 학생들에게 감히 이 시리즈를 자신있게 권한다.

一以貫之 논술연구모임 연구실장 이호곤

차례

이 책의 구성

SPARKNOTES와 CliffsNotes는 방대하고 난해한 원작을 보다 쉽게 이해할 수 있도록 돕는 안내서입니다. 여기에는 원작 이해를 돕기 위해 매 장마다 '요점 정리(또는 줄거리)'와 '풀어보기'가 실려 있습니다. '요점 정리(또는 줄거리)'에는 원저의 내용을 일목요연하게 정리해놓아 저자가 전달하려는 내용을 어렵지 않게 파악할 수 있습니다. '풀어보기'에서는 철학서의 경우, 원저에 담긴 저자의 사상이나 관련 철학, 시대 상황, 논점 등을, 문학 작품인 경우에는 원작에 담긴 문학적 경향, 등장인물의 심리상태, 주제 등을 설명해 놓았습니다. 분석적이고 비판적인 글읽기의 바탕이 되는 요소들이죠. 비소설이나 소설을 막론하고 분석적이고 비판적인 글읽기는 독자에게 꼭 필요한 자질입니다.

그밖에도 원저를 좀더 깊이 복습해서 제대로 소화할 수 있도록 돕기 위해 'Study Questions'와 'Review Quiz' 등을 마련해 놓았습니다.

* 〈 〉는 철학서, 장편소설, 중편소설, 수필집, 시집. " "는 단편소설, 논문
* 작품명은 독자의 이해를 돕기 위해 예외적인 경우를 제외하고는 영어식으로 표기함.

○ 일이관지(一以貫之) 논술노트

권말에는 일이관지 논술팀에서 작성한 논술노트가 실려 있습니다. 원저를 우리의 삶과 연계시켜 비판적 사고와 논리적 글쓰기의 방향을 제시합니다.

○ 실전 연습문제

논술예제와 기출문제를 통해서는 원작을 바탕으로 출제 가능성이 높은 논점을 함께 숙고해 봅니다.

간추린 명저 노트

플라톤은 기원전 428년에 아테네(아테나이)의 귀족 집안에서 태어났다. 고전 시대의 출전들에 따르면, 아버지 아리스톤 Ariston은 아테네의 마지막 왕 코드로스의 후손이며, 어머니 페릭티오네 Perictione는 거의 신화적인 인물로 아테네의 법을 제정하고 최초의 헌법을 지었다는 솔론의 후손이다. 플라톤의 형 아데이만토스 Adeimantos와 글라우콘 Glaukon은 〈국가 The Republic(Politeia*)〉의 핵심적인 등장인물이다.

아리스톤은 플라톤이 어릴 때 세상을 떠났고 페릭티오네는 피릴람페스와 재혼했다. 피릴람페스는 아테네의 위대한 정치가 페리클레스의 친구였다. 명문 귀족 출신이자 지적으로 탁월했던 플라톤은 아테네 정계에서 전도가 양양한 젊은이였으나 청년기에 일어난 두 차례의 격변에 환멸을 느껴 정치를 멀리하게 되었다.

하나는 400인위원회와 30인위원회의 정권 장악이다. 부유한 시민들로 구성된 이들 두 당파는 펠로폰네소스 전

---

* **Politeia**: 통상적으로 '국가'로 번역되지만, 원래의 뜻은 '국가 체제,' '나라 구조' 또는 '정부 형태'에 가깝다.

쟁 막바지에 권력을 잡고 소수에게 권력이 집중되는 과두 정치 체제를 만들었다. 30인 과두정권에는 외삼촌 카르미데스가 있었으나 플라톤은 새 정부가 독재 성향을 보이고 사회를 불안하게 만들었다고 비난하면서 민주주의의 회복을 위해 활동했지만, 기원전 399년에는 민주주의 체제도 완전하지는 못했다. 다른 하나는 그 해에 플라톤의 스승이자 아테네 젊은이들 사이에서 우상 같은 존재였던 소크라테스 Socrates가 국가의 신들을 인정하지 않고 젊은이들을 타락시켰다는 죄목으로 시민 500인으로 구성된 법정에서 재판을 받게 된 사건이다. 소크라테스에게는 이 혐의들 외에도 아테네 정계에서 밀려난 사람들과 가깝게 지낸 사실도 불리하게 작용했으나 그 무렵 정치범들에 대한 사면이 선포되었기 때문에 다른 혐의들이 씌워졌고 몇 표 차이로 유죄평결을 받았으며 이어 사형이 선고되었다.

소크라테스가 죽은 뒤, 최선을 다해 스승의 유지를 이으려고 노력한 플라톤은 여러 해 동안 가르치고 또 배우면서 지중해 연안을 주유했는데, 그 지역들 중에는 피타고라스학파의 중심인 시실리(시켈리아)도 들어 있다. 기원전 387년에는 아테네로 돌아와 역사상 최초의 교육시설이자 서구식 대학교의 모체가 된 아카데미아를 설립했다. 플라톤을 비롯한 그곳 교사들은 지중해 지방 각지 출신의 학생들에게 형이상학, 인식론, 윤리학, 정치학, 자연과학, 수학 등을 가르쳤다. 그곳은 비록 학생들에게 정치, 법, 의학 같은 전문직을 준비시킬 시설로 세워진 것은 아니었지만, 강의 과목들은 외부의 큰 세상과 유리되지 않았다. 교사들은 새로운 교육기관을 세웠거나 세울 계획이 있는 수많은 도시로부터 강연 요청을 받았다. 아카데미아의 형식적인 체제는 여러 차례 바뀌었으나 기원후 527년까지 912년 동안 명맥을 유지했다. 아카데미아의 원장으로 여생을 보낸 플라톤이 만년에도 직접 가르쳤는지는 분명하지 않지만, 기원전 380년경 그곳에서 〈국가〉를 집필한 것 같다. 당시 아카데미아에서 가장 유명한 학생은 철학자 아리스토텔레스.

기원전 385년부터 347년 죽을 때까지 플라톤은 시실리를 방문하기 위해 두 번 아카데미아를 떠났다. 그곳에 가면 〈국가〉에서 제시한 정치 이론을 현실정치에 적용할 수도 있을 것이란 기대감을 가졌기 때문이었다. 기원전 367년에 시실리의 참주 디오니소스 1세가 죽었는데, 플라톤의 제자였던 그의 아우이자 왕위계승자의 아버지인 디온이 디오니소스 2세에게 철인통치자의 사상을 심어주기 위해 그를 초청했던 것. 그러나 안타깝게도 디오니소스 2세는 수학과 철학 같은 학문의 연구가 통치에 도움이 되는 최선의 준비가 될 것이란 확신이 없었고, 따라서 세상은 최초의 철인군주(哲人君主)를 가져볼 기회를 놓치고 말았다.

철학은 기원전 6세기 그리스의 밀레토스 섬에서 처음 등장했다. 자연과학 문제들에 치중했던 초기 철학자들은 몇 가지 단순한 원리들을 통해 주변에서 관찰한 세상을 설명하려고 했으며, 윤리학과 정치학 문제들에 대해서는 거의 관심을 두지 않았다. 사회의 가치들을 다룬 것은 철학자들이 아니라 오히려 시인들이었다. 히시어드*와 호머** 같은 시인들은 선한(좋은) 그리스 시민이 갖춰야 할 덕(탁월성)들을 제시했다. 신의 보상 약속 안에서 선한 행위의 유인(誘因)을 발견했던 것.

기원전 5세기에 일어난 두 차례의 엄청난 정치적 격동으로 인해 전통적인 그리스적 덕들은 의심을 받게 되었고, 이들 두 사건은 윤리학의 문제들을 철학자들의 품에 안겨주었다. 아테네와 스파르타가 기원전 431년부터 404년까지 벌인 펠로폰네소스 전쟁은 결국 아테네의 패배로 끝났다. 전쟁의 참화는 호머의 영웅들이 보여준 용맹스러운 덕목들

---

* **히시어드**(Hesiod, ?-?): 헤시오도스(Hesiodos). 대략 기원전 8세기의 그리스 시인. 장시(長詩) "노동과 나날"은 덕과 정의에 대한 그리스의 전통적 인식을 개략적으로 보여준다.

** **호머**(Homer, 800?-750 B.C.): 호메로스(Homeros). 그리스 서사시인. 주요 작품은 〈일리아드〉, 〈오디세이〉 등.

을 의심하게 만들었고, 특히 아테네에서 일어난 민주주의의 발전은 새로운 시민적 덕을 요구하면서 집회와 법정에서 설득력 있게 말하는 수사적(修辭的) 능력이 병법(兵法)보다 중요해졌다.

　이 같은 아테네의 풍토 속에서 각지를 돌아다니며 수업료를 낼 생각과 재력을 지닌 학생만 있으면 무슨 과목이든 가르친 궤변론자들이 등장했다. 그들은 수사적 기량에 초점을 맞추었기 때문에 진리보다는 설득력 있게 말하는 방법을 가르치는 수사학을 강조했는데, 전통적인 도덕적 가치들에 대한 믿음이 허물어지던 당시의 상황은 그들에게는 절호의 기회였다. 궤변학파라고 할 만한 일관되고 조직적인 집단이 있었던 것은 아니고, 그들 개개인의 견해도 매우 다양했다. 그들은 번번이 어떤 행동의 정의(올바름)와 불의(그름)보다는 그 행동이 행위자에게 이로운지 해로운지를 따지는 문제가 더 중요하다고 주장했다. 그들 중 다수는 옳은 것과 그른 것은 없으며 객관적인 도덕 기준이 존재하지 않는다고 주장했고, 일부는 객관적 진리의 가능성을 부정하고 객관적 지식(인식)의 관념조차 조롱했다. 궤변론자들은 도덕이란 사회의 지배자들이 피지배자들에게 뒤집어씌운 관례에 지나지 않는다고 목청을 높였다. 〈국가〉에서 궤변론자인 트라시마코스는 인생이라는 싸움판에서 앞서 나가게 만드는 부도덕성이야말로 덕이라고 선언한다. 플라톤의 대화편 〈고르기아스 *Gorgias*〉에서 칼리클레스는 한 걸음 더 나아가 관례적 도덕이란 더 강한 자로부터 약자를 착취할 자연권을 빼앗으려 하기 때문에 정의롭지 않다고 강변한다. 히피아스를 비롯한 일부 궤변론자들은 단호하게 그런 이론들을 거부했지만, 정의가 '더 강한 자의 이득(편익)'이라고 믿는 경향이 궤변론자들 사이에서는 강했다고 생각할 만한 이유가 있다.

이 같은 도덕적 풍토 속에서 도덕을 야금야금 갉아먹는 힘들로 판단되는 것들과 싸워야겠다는 욕망을 품게 된 소크라테스는 아테네 시민들의 도덕적 안이함을 보여준다고 여겨지는 현상들 때문에 번민했다. 그들이 이기적이고 성찰 없는 막연한 상태에서 자신들의 힘을 얻고 증대시키는 일에만 치중하면서, 그 태도를 정당화하기 위해 궤변론자들의 이론을 이용하는 모습을 걱정스럽게 지켜보았던 것. 그의 해법은 자기가 한 마리 '등에*'처럼 동료 시민들을 쏘아서 그들이 도덕적인 자기성찰을 하도록 만드는 것이었고, 따라서 날마다 장터에 나가 상대를 가리지 않고 대화를 나누려고 했다. "성찰되지 않은 삶은 살아갈 가치가 없다"고 선언하고, 마주치는 사람마다 그들의 삶과 믿음과 유인(誘

---

* **등에**: 파리보다 조금 큰 곤충. 몸에 털이 많고, 동물의 피를 빨아먹는 것과 꽃의 꿀을 먹는 것이 있다.

因)을 성찰하게 만들려고 했던 것.

소크라테스가 죽자 이 임무를 이어받은 플라톤도 만연되어 있던 부도덕과 이기심에 맞서 싸우고 싶어했다. 그리고 객관적 진리 같은 것은 없으며 객관적 인식의 가능성도 없다는 공언 등, 궤변론자들의 회의적 주장들에 맞서 싸우려는 생각을 가졌다.

플라톤의 대화편들은 초기, 중기, 말기 대화편으로 나누어진다. 소크라테스가 죽은 직후에 나온 초기 대화편들은 소크라테스 철학의 그랬음직한 모습을 가장 근사하게 보여주는데, 그의 논박문답법을 이용하여 거의 전적으로 윤리적인 문제들에 집중한다. 전형적인 초기 대화편에서 소크라테스는 상대방에게 어떤 덕(경건함이나 용기 따위)에 대한 정의를 내려달라고 요청하고, 상대가 내린 정의를 파헤쳐 그것이 그 상대의 다른 믿음들과 일치하지 않음을 보여주며, 상대방이 이전 정의를 수정하면 그 정의마저도 그 사람의 다른 믿음들과 배치되는 점이 있다는 것을 보여준다. 이렇게 수정과 반박을 반복하는 방법은 만족할 만한 정의가 내려질 때까지 계속되지만, 어떤 대화편에서도 만족스러운 정의가 내려지는 일은 없다. 몇몇 핵심적인 학설들을 제외하면, 이런 논박문답법에서는 조리가 선 것처럼 보이는 관념은 전혀 나오지 않는다. 전형적인 초기 대화편은 아포리아(aporia)—주제에 관한 기존의 모든 믿음들이 반박되지만 진전이 불가능해 보이는 지적인 정체—상태에서 끝난다. 대화자들은 이전 생각이 틀렸다는 것을 알면서도 대신 믿어야 할 것이 무엇인지에 대한 답은 듣지 못하는 것.

그렇다고 대화편들을 실패작으로 여겨서는 안 된다. 소크라테스에 따르면, 논박문답법의 목표는 정의를 내리는 것이 아니다. 철학적 대화에 참여하는 것 자체가 인간을 더 행복하고 덕스럽게 만들기 때문에 인간의 복리에 중요하다. 철학적 대화를 그만두느니 차라리 사형당하기로 결정했다는 말이 전해질 만큼 그의 믿음은 철저했다. 플라톤은 초기 대화편에서 소크라테스의 방법들을 활용하면서도 그의 가르침을 비판적으로 탐구하고 모두 수용하지는 않았다.

중기 대화편에서 플라톤은 고유의 변별적인 목소리와 철학적 외양을 보여주고, 소크라테스란 인물은 점점 그의 대변자가 되어간다. 그리고 소크라테스의 논박문답법에 대한 의존도를 줄이면서 대화들을 한 명의 철학자와 반대자들 사이의 토론보다는 스승과 제자의 담화로 제시하며 대화자들은 아포리아 대신 긍정적인 결론에 도달하는데, 형상(形相)이론처럼 초기 대화편에서 암시된 관념들은 온전한 틀을 갖춘 학설로 등장한다. 플라톤은 윤리학을 넘어 인식론과 형이상학으로 관심을 확대하며, 형상이론과 영혼의 관념을 이용하여 삶의 지침, 사랑의 본성과 역할, 물리적 세계의 본성 등과 같이 오랫동안 해결되지 않았던 질문들을 탐구한다.

플라톤이 중기에 제시하는 다수 이론의 뼈대라고 할 수 있는 형상이론은 도덕적이든 다른 어떤 것이든 객관적 진리가 없다는 궤변론자들의 도전과 억지 주장에 대한 대응이며, 우리가 주변에서 감각하는 자연 세계 이외에 또 다른 실재의 영역을 제안한다. 존재를 관찰이 아니라 순전히 지성으로만 파악할 수 있는 이 영역은 감각의 세계에서 잠시 불완전하게 존재하는 모든 것을 정의하는 영원하고 절대적이고 불변하고 완벽한 형상들로 구성된다. 형상은 객관적 진리에 관한 지식을 제공한다.

〈국가〉는 플라톤의 사상이 초기에서 중기로 넘어가는 패러다임*의 변화를 보여준다. 제1권은 전형적인 초기 대화편의 구조를 고수하기 때문에 원래는 초기의 독립적인 대화편이었다고 보는 학자도 있다.(그랬다면, 제목은 "트라시마코스 Thrasymachos"였을 것) 여기서 플라톤은 정의(正義)의 정확한 의미를 알아내기 위해 소크라테스에게 논박문답법을 이용하게 하는데, 그 결과는 아포리아다. 제2권에서 그 질문을 다시 채택한 소크라테스는 이후 아홉 권에서 정의에 관한 이론을 철저하게 파고드는데, 논박문답법을 사용하지 않고 설교로 일관하면서 간간히 제자이자 플라톤의 형인 글라우콘과 아데이만토스의 반론을 들어주고 의견을 제시한다. 제7권에서는 철학적 문답법은 악용되면 위험

---

* **패러다임**(paradigm): 토머스 쿤이 〈과학 혁명의 구조〉에서 처음으로 제시한 용어. 특정 시기에 전체 과학자 집단에 의해 공식 인정되는 모범적인 틀. 이를테면, 한 시대를 지배하는 과학적 인식·이론·관습·사고·관념·가치관 등이 결합된 총체적인 틀을 가리킨다.

하며 올바른 사람들에게 제대로 이용할 수 있는 나이가 되었을 때만 가르쳐야 한다면서 심지어 논박문답법의 폐해를 경고한다. 진리를 제대로 존중하지 않는 사람들은 옳은 것이 무엇인지를 찾아내기보다는 모든 것을 사사건건 반박하기 위해 이 방법을 이용할 것이기 때문이다. 이 논의는 플라톤이 탐구 방법을 바꾸고 아카데미아를 설립한 이유를 설명해 준다고 볼 수 있다.

후기 대화편은 매우 난해하고 논란의 소지가 크다. 플라톤의 가장 복잡한 철학적·논리학적 견해들이 포함되어 있으며, 이 시기를 규정하는 경향과 주제들에 대한 일치가 거의 이루어져 있지 않기 때문이다. 후기 저술들 가운데 〈국가〉와 관련하여 언급해야 할 책이 플라톤의 마지막 저술로 보이는 〈법률 Laws〉이다. 여기서 제시되는 또 하나의 이상적인 국가도 전제적이고 민주주의적인 요소들을 지니고 있으나 〈국가〉에서 그려진 국가와는 크게 다르다. 그는 실제로 효과를 발휘할 수 있는 어떤 처방을 찾아내기 위해 점점 더 원리들을 절충하려고 노력했던 것인데, 〈국가〉에서는 올바른 통치자들을 가진 도시에서는 법이 불필요하다고 암시했지만 이 책에서는 법치의 가치를 강조한다.

　　사람들은 무엇 때문에 정의롭게 행동하는 것일까? 사회적인 처벌이 두려워서일까? 인과응보를 생각하면 몸서리쳐질 정도로 무서워서일까? 사회의 더 강한 집단이 법의 이름을 내세워 약자들을 굴복시켜서일까? 아니면 정의롭게 행동하는 것이 좋아서일까? 정의가 보상이나 처벌과 상관없이 그 자체만으로도 좋은 것이기 때문일까? 우리는 정의를 어떻게 규정할까? 플라톤은 〈국가〉에서 이런 질문들에 답하고 있다. 그는 정의를 규정하고 더불어 정의가 그 자체만으로도 훌륭하다는 것을 보여줄 수 있는 방식으로 규정하고 싶어하는데, 이 두 가지 난제를 하나의 답으로 해결한다. 즉 정의를 지각되는 행동보다는 인간의 심리에 호소하여 규정하는 것.

　　〈국가〉에서 플라톤은 사회적 또는 정치적 정의의 일차적 개념을 전개한 다음, 유사한 개인적 정의의 개념을 이끌어내는 전략을 구사한다. 제2권-제4권에서는 정치적 정의를 하나의 구조를 갖춘 정체(政體)에서의 조화라고 밝힌다. 그에 의하면, 이상적인 사회는 생산자들(장인들, 농부들, 직공들 등), 조력자들(전사들), 수호자들(통치자들)의 세 부류로 구성되며, 사회가 정의로우려면 이들 사이의 관계가 옳아야 한다. 각 집단은 오직 그들의 고유한 기능만을 수행해야 하며, 나머지 집단들과 관련하여 권력의 올바른 위치에 있어야 한다. 통치자들은 통치해야 하고, 조력자들은 통치자들의 신념을 받들어야 하며, 생산자들은 자연이 그들에게 부여한 기량(농사, 대장일, 그림그리기, 등)을 발휘하는 일에만 전념해야 한다. 정의란 전문화의 원리다. 즉 각 개인은 자연이 배정한 사회적 역할을 완수해야 하며, 다른 일에는 끼어들지 말아야 하는 것.

　제4권의 끝에서는 개인적 정의가 정치적 정의를 그대로 반영한다는 것을 보여주려고 한다. 각 개인의 영혼도 사회의 세 계급과 유사한 세 부분의 구조를 갖고 있다는 것. 영혼의 이성적인 부분은 진리를 추구하며 우리의 철학적인 성향들을 책임지고, 기개적(氣槪的)인 부분은 명예를 바라고 노여움과 분개의 감정들을 책임지며, 욕구적인 부분은 온갖 종류의 물질, 특히 (그 이외의 모든 저급한 욕망을 충족시키는 데 사용되는) 돈을 탐낸다. 정의로운 개인은 정의로운 사회와 유사하게 규정될 수 있으며, 그 개인의 영혼을 구성하는 세 부분은 서로 필요한 역학 관계 속에서 힘과 영향을 주고받는다. 정의로운 개인에게서 영혼의 이성적인 부분은 통치하고, 기개적인 부분은 그 통치를 지원하고, 욕구적인 부분은 이성이 이끄는 대로 고분고분 쫓아간다. 즉 정의로운 개인의 경우, 전체 영혼이 이성적인 부분의 욕망들을 충족시키려고 하는 것은 정의로운 사회에서 전체 공동체가 통치자들이 바라는 일이면 무엇이든 실현시키려고 하는 것과 같다.

정의로운 사회와 정의로운 개인의 병치(竝置)에는 심오한 이유가 있다. 사회의 세 부분은 각기 사실상 영혼의 세 부분 가운데 한 부분의 지배를 받는 것. 생산자들은 욕구—돈, 사치, 쾌락에 대한 충동—의 지배를 받는다. 전사들은 그들을 용맹스럽게 만드는 기개에 의해 지배된다. 통치자들은 그들의 이성적인 성향들에 의해 지배되며 지혜를 얻으려고 노력한다. 제5권-제7권은 철인군주로서의 통치자들에게 초점을 맞춘다.

플라톤은 태양, 선(線), 동굴의 우의(寓意)*를 통해 이 개인들이 누구인지 설명하면서 형상이론을 다듬는다. 세계는 (감각에 의해 지각할 수 있는) 가시적(可視的) 영역과 (지성에 의해서만 알 수 있는) 가지적(可知的) 영역으로 나누어진다. 가시적 세계란 우리가 주변에서 보는 우주를 가리킨다. 가지적 세계는 형상들, 즉 선(좋음), 아름다움, 붉음, 달콤함처럼 추상적이고 불변하는 절대적인 관념들로 이루어지며, 가시적 세계와의 영원한 관계 속에서 존재하며 그 세계를 가능케 한다.(이 이론에 따르면, 사과가 빨갛고 달

---

* **우의**(allegory): 비유로도 번역되며, 글자 그대로의 의미와는 다른 의미를 전달하는 비유적인 표현 방법. 분명한 교훈적 주제를 담은 짤막한 우의가 우화(parable)인데, 동물이 등장하면 동물우화(fable)라고 부른다. 풍유(諷諭).

콤한 이유는 사과가 붉음의 형상과 달콤함의 형상에 참여하기 때문) 인식의 대상들은 감각이 아니라 정신이 파악해야 할 영원불변한 진리를 담고 있는 형상들뿐이다.

오직 형상들을 파악할 수 있도록 훈련받은 정신을 가진 사람들—철학자들—만이 무언가를 알 수 있다. 특히 통치자가 되기 위해 철학자들이 알아야만 하는 것은 다른 모든 형상들의 근원이자 지식, 진리, 아름다움의 근원인 선의 형상이다. 이 형상을 직접적으로 묘사할 수는 없지만, 이 형상과 가지적 영역의 관계는 태양과 가시적 영역의 관계와 같다. 플라톤은 동굴의 우의를 이용하여 철인의 영혼이 인지(認知)의 다양한 단계를 거쳐 가시적인 영역을 지나 가지적인 영역으로 들어가 마침내 선의 형상을 파악하는 과정을 생생하게 보여준다. 교육의 목표는 영혼에 지식을 주입하는 것이 아니라 올바른 욕망들을 품게 하는 것, 즉 영혼을 진리에 대한 갈망으로 채우는 것이다. 그 결과, 영혼이 가시적 세계를 벗어나 가지적 세계로, 궁극적으로는 선의 형상으로 가려고 욕망하는 것이다.

철학자들은 지식을 가진 유일한 부류의 사람들이면서 가장 정의로운 사람들이다. 그들의 영혼은 다른 부분보다 특히 이성적인 부분의 욕망들을 채우려고 한다. 플라톤은 철인군주를 가장 의롭지 못한 유형의 사람—순전히 비이성적인 욕구들에 의해서만 통치하는 참주가 대표적—과 비교한 다음, 정의는 그 자체만으로도 훌륭하다고 주장한다. 제9권에서는 정의로운 것이 바람직하다는 결론에 부합되는 세 가지 논증을 제시한다. 참주의 심리학적 초상화를 대충 그린 다음, 불의는 사람의 정신을 괴롭히지만 정의로운 영혼은 건전하고 행복하며 고요하다고 주장하는 것. 세 가지 주된 유형의 성향—돈을 사랑하는 성향, 명예를 사랑하는 성향, 진리를 사랑하는 성향—을 지닌 각자가 쾌락(즐거움)과 그에 대응하는 선한 삶에 대한 나름의 견해에 따라 가장 즐겁다고 생각하는 삶을 선택하지만, 철학자만이 세 유형의 쾌락을 모두 경험했기 때문에 제대로 판단할 수 있다. 나머지 사람들은 철인의 판단을 받아들이고 철학적인 쾌락과 연관되는 쾌락들이 가장 즐겁고 따라서 정의로운 삶도 가장 즐겁다는 결론을 내려야 한다. 플라톤은 철학적인 쾌락만이 참되며, 다른 쾌락은 모두 고통의 유예에 불과하다는 것을 증명하려고 한다.

이 논증들 가운데 실제로 정의가 그 결과들 이외에 바람직하다는 것을 증명하는 논증은 없으나 정의에는 항상 참된 쾌락이 수반된다는 사실을 확립해 준다고 간주해도 큰 문제는 없을 것이다. 모르긴 해도 이 논증들은 정의가 바람직하다는 것을 알리는 주된 이유로 의도된 것은 아니고, 정의의 바람직스러움은 정의로운 삶과 형상들 사이의 친밀한 관계와 관련이 있는 것 같다. 정의로운 삶 자체가 좋은 이유는 이 궁극적인 선들을 파악하고, 그 질서와 조화를 모방하여 자신의 삶 속에 통합시키는 일이 포함되기 때문이다. 다시 말해, 정의는 최고선, 즉 선의 형상과 연관되기 때문에 좋은 것이다.

플라톤은 〈국가〉를 놀라운 조치로 마무리한다. 정의를 규정하고 그것을 최고선으로 확정한 다음, 시인들을 그의 도시에서 추방하는 것. 시인들이란 정의롭지 못한 경향들을 모방함으로써 영혼의 가장 저열한 부분에 호소한다. 우리가 등장인물들의 이야기에 공감하여 저급한 감정에 탐닉하도록 조장함으로써 삶에서도 그런 정서에 빠지도록 부추긴다는 것이다. 요컨대, 시는 우리를 정의롭지 못하게 만든다. 끝으로 플라톤은 에르(Er)의 신화를 들려주면서 죽은 뒤에 영혼이 가는 길을 묘사한다. 정의로운 영혼들은 1,000년의 보상을 받지만, 불의한 영혼들은 그 시간 동안 벌을 받는다. 이처럼 각 영혼은 저마다 내세를 선택해야 한다.

● **가시적(可視的) 영역** visible realm | 플라톤은 실존을 가시적 영역과 가지적 영역으로 구분한다. 오감을 통해 파악될 수 있는 이 영역은 우리가 주변에서 보는 세상, 곧 감각할 수 있는 개별자들의 세상으로 구성된다. 가지적 영역을 구성하는 대상들과 달리 실재적이지 않은 대상들로 구성되며, 또한 지식의 올바른 대상들이 아니라(다시 말해, 우리는 그것들에 대해 아무것도 '알' 수가 없으며) 의견의 대상들이다.

● **가지적(可知的) 영역** intelligible realm | 감각으로 알 수 없으며, 지성에 의해서만 파악될 수 있다. 이 영역을 구성하는 것은 형상들이고, 지식의 대상이 될 수 있다.

● **감각할 수 있는 개별자** sensible particulars | 나무, 꽃, 의자처럼 우리가 주변에서 경험하는 물리적 대상들. 시각·후각·청각·미각·촉각으로 감각할 수 있기 때문에 '감각할 수 있는'이고, 보편적이고 불변하는 관념들이 아니라 시간이 흐르면 변화를 겪는 개별 요목들이기 때문에 '개별자'이다. 플라톤의 인식론적 그림에 따르면, 감각할 수 있는 개

별자들은 지식의 대상은 될 수 없고 다만 의견의 대상만 될 수 있다.

● **경험적** empirical | 어떤 문제가 경험적인 문제라고 말할 때는 그 해답은 세상에 나가 조사해 보아야 얻을 수 있다는 의미가 된다. 경험적인 문제의 한 예라고 할 수 있는 "미국 인구의 몇 퍼센트가 아이스크림을 좋아하는가?"에 대해서는 경험적인 조사를 해보아야만 답할 수 있다. 한편, '2의 제곱근은 무엇인가?'는 경험적인 질문이 아니다. 이 질문에 답하려면, 관련된 수학을 생각해야지, 세상에서의 증거를 조사할 필요는 없다.

● **궤변론자** Sophists | 기원전 5세기에 아테네의 부유층 자제들을 교육하던 고용 교사들. 다양한 의견을 지닌 다양한 집단이었으나 객관적 진리와 지식의 개념을 무시한다는 공통점이 있었다. 심지어 객관적인 도덕적 진리마저 무시했는데, '옳은' 것과 '그른' 것 같은 것도 믿지 않았다는 의미가 된다. 플라톤의 활동 전반에 걸쳐 길잡이가 된 동기들 가운데 하나가 그들의 잘못을 증명하는 것이었다. 즉 객관적 진리 같은 것이 존재하며, 이 객관적 진리에 대한 지식을 가질 수 있음을 보여주는 것.

● **기개(氣槪) spirit** | 세 부분으로 이루어진 영혼의 한 측면. 명예와 승리를 사랑하는 욕망들의 근원이며, 노여움과 분개의 감정들을 관할한다. 정의로운 영혼에서는 이성의 충실한 종자가 되어 욕구가 이성의 명령을 고수하도록 만든다.

● **논박(論駁)문답법 elenchus** | 소크라테스가 대화상대자들에게 질문하는 방법을 나타내는 그리스어. 소크라테스는 이 방법을 통해 상대방들의 믿음들이 모순임을 보여줌으로써 사실은 그들이 스스로 알고 있다고 생각하던 주제에 관해 아는 것이 전혀 없음을 증명하려고 한다.

● **도구적 이성 instrumental reason** | 수단과 목표의 분석에 참여함으로써 어떤 목표의 성취에 이용되는 이성. 이 목표들은 욕구나 기개 같은 영혼의 한 부분, 심지어 이성 자체에 의해서도 규정된다.

● **모습들과 소리들의 애인 lovers of sights and sounds** | 아름다운 모든 것에 관해 전문적 식견을 가졌다고 주장하면서도 가시적 영역의 모든 아름다움을 불러일으키는 아름다움의 형상 같은 것이 존재한다는 사실은 깨닫지 못하는 사이비 지성인들. 소크라테스는 형상들을 파악하며 따라서 지식을 지닌 철학자들과 이들을 분명히 구별해야 한다고

주장한다. 모습들과 소리들의 애인들은 지식은 없고 의견을 가질 뿐이다. 소크라테스가 만들어낸 용어.

믿음 belief | 인지 활동의 수직적 위계에서 가장 낮은 등급인 상상력 바로 위. 믿음의 대상은 가지적 영역이 아니라 가시적 영역이다. 믿음 상태에 있는 사람은 형상들에 접근할 수 없고, 대신 감각할 수 있는 개별자들을 가장 실재적인 사물로 간주한다.

● **사유(思惟)** thought | 인지 활동에서 두 번째 높은 등급. 이해의 경우처럼 사유의 대상들은 가지적 영역의 형상들이지만, 이해와 달리 영상들과 가설들(입증되지 않은 추정들)에 의지해야 진전될 수 있다. 믿음 · 상상력 · 이해 참고.

● **상상력** imagination | 인지 활동의 가장 낮은 등급. 상상력 상태에 있는 사람은 헛된 영상과 그림자들을 실재인 것으로 간주하는데, 자신과 세계에 대한 자신의 관념들을 플라톤 시대의 시나 요즘의 영화와 텔레비전 같은 재예(才藝)의 산물들에서 이끌어낸다는 의미일지 모른다. 믿음 · 사유 · 이해 참고.

● **생산자** producers | 사회를 구성하는 세 계층 가운데 하

나. 세 계층 중에서 가장 많고, 전사와 통치자를 제외한 모든 직종의 종사자들—상인, 의사, 예술가, 배우, 법률가, 재판관들뿐 아니라 농부와 장인, 등—이 포함되는 포괄적 집단이다. 정의로운 사회에서는 통치에 참여할 수 없고 다만 통치자들이 정하는 것에 복종하며, 가장 잘할 수 있는 일(철공, 농사, 제화(製靴), 가구 제조 등)에 전적으로 매달려야 한다.

● **선(善)의 형상 Form of the Good** | 형상들 가운데 가장 중요한 것. 선의 형상을 정확히 규정하지 않는 플라톤에 의하면, 가지성(可知性)과 무언가를 알 수 있는 우리 역량의 근원이자 나머지 형상들을 존재시키는 것이다. 플라톤은 가지적 영역에서의 형상의 역할을 가시적 세계에서의 태양의 역할과 비교한다. 선의 형상은 지식의 궁극적 대상이며, 선의 형상을 파악해야 비로소 인지 활동의 최고 단계인 이해에 이를 수 있다. 따라서 수련중인 철인은 선의 형상을 파악한 뒤라야 철인군주가 된다.

● **세 부분의 영혼 tripartite soul** | 플라톤에 따르면, 인간의 영혼에는 정의로운 도시의 사회를 구성하는 세 계층에 대응하는 세 부분이 있다. 개인적인 정의는 이 세 부분이 올바른 역학 관계를 유지하는 데 있다. 즉 이성은 지배하고,

기개는 이성을 보조하고, 욕구는 복종하는 것.

● **수호자** guardians ┃ 정의로운 사회의 세 계층 가운데 하나이며, 도시를 통치하는 일을 맡는다. 조력자들의 무리 가운데서 선택되고, 철인군주라고 불리기도 한다.

● **아포리아** aporia ┃ '막다른 길,' '교착'을 의미하는 그리스어. 철학에서는 증거와 반증이 동시에 존재해서 어떤 명제의 참을 확정할 수 없는 경우, 수사학에서는 이야기를 어디서 시작해야 할지 또는 무슨 이야기를 해야 할지 망설여지는 경우나 그런 척할 경우를 가리킨다. 플라톤의 초기 대화편들은 전형적으로 아포리아—진전 불가능 상태—에서 끝나기 때문에 '아포리아적 대화편'이라고도 한다. 여기서 소크라테스는 예리한 질문들을 통해 상대방들에게 논의중인 주제—경건함, 사랑, 용기, 등—에 대한 적절한 정의(定義)가 없으며, 또 자신도 그 정의를 제시할 수 없다는 것을 설득력 있게 보여준다. 〈국가〉 제1권에서는 정의(正義)라는 주제에 대해 친구들을 아포리아 상태에 빠지게 하지만, 그 뒤의 아홉 권에서는 그럭저럭 아포리아를 넘어 당면한 문제에 대해 현실적인 답을 제시한다.

● **의견(意見)** opinion ┃ 지식의 대상이 될 수 있는 영원불

변한 진리들 이외의 나머지 진리들. 가시적 영역, 감각할 수 있는 개별자들의 영역에 관해 우리가 바랄 수 있는 확실성의 최고 형태. 플라톤은 지식과 무지의 사이에 있는 어떤 것이라고 간주한다.

● **욕구** appetite | 영혼을 이루는 세 부분 가운데 가장 큰 측면. 먹는 것, 마시는 것, 성적 충족을 비롯한 여타 쾌락들에 대한 모든 다채로운 욕망들의 터전. 여기에는 (생명을 유지할 만큼 먹으려는 욕망처럼) 채워야 할 필연적인 욕망들, (끼니마다 큼직한 스테이크를 먹으려는 욕망처럼) 절제해야 할 불필요한 욕망들, (자식을 잡아먹으려는 욕망처럼) 무슨 수를 쓰든 억눌러야 할 불법적인 욕망들이 포함된다. 비록 욕구는 수많은 것을 탐하지만, 이런 욕망들의 대부분을 충족시키려면 돈이 필요하기 때문에 플라톤은 '돈을 사랑하는 것'이라고 명명한다. 정의로운 사람의 경우에는 이성과 이성의 심복인 기개에 의해 엄격하게 통제된다.

● **이성** reason | 영혼을 이루는 세 부분 가운데 하나이며, 진리를 갈구하고 우리의 모든 철학적 욕망들의 근원이다. 정의로운 사람에게서는 이성이 전체 영혼을 지배하며 이성의 욕망들을 충족시키려고 노력한다. 욕구 · 기개 참고.

● **이해/오성(悟性)** understanding │ 인지 활동의 수직적 위계에서 최고 등급. 순수하고 추상적인 이성의 사용이 포함되며, 영상들과 입증되지 않은 가정들에 의지하지 않는다. 일단 선의 형상이 파악되어야 성취될 수 있다. 믿음·상상력·사유 참고.

● **인식론** epistemology │ 지식, 믿음, 사유와 관련된 철학 분야. "지식이란 무엇인가? 우리는 어떻게 증거를 토대로 믿음들을 형성하는가? 우리는 무언가를 알 수 있는가?" 등은 인식론적 질문이다.

● **전문화** specialization │ 전문화 원리에 따르면, 사람은 모두 자신이 가장 어울리게 태어난 사회적인 역할을 충족시켜야 하고, 다른 일에는 관여하지 말아야 한다. 농사짓기에 알맞게 태어난 사람은 농사를 지어야 하고, 치료에 알맞게 태어난 사람은 의사가 되어야 하며, 싸움에 알맞게 태어난 사람은 전사가 되어야 하고, 철학자로 알맞게 태어난 사람은 통치를 해야 한다는 식이다. 플라톤은 이 단순한 원리가 사회를 이끄는 원리이자 정치적 정의의 근원이라고 믿는다.

● **칼리폴리스** kallipolis │ 플라톤이 말하는 '정의로운 도시'에 해당하는 그리스어.

● **지식/인식** knowledge ｜ 플라톤에 의하면, 영원불변한 진리들과 관련된다. 가령, 나는 "2+2=4"를 알고 있는데, 그 이유는 그것이 사실이기 때문이다. 따라서 가지적 영역, 곧 형상들의 영역만 지식의 대상이 될 수 있다. 의견 참고.

● **조력자** auxiliaries ｜ 정의로운 사회의 세 계층 가운데 하나. 전사로서 침략자들로부터 도시를 방어하고, 내부의 치안 유지를 담당한다. 수호자들의 신념들을 실행에 옮기고, 생산자들의 복종을 확보한다.

● **철인군주** philosopher-king ｜ 정의로운 도시(kallipolis)의 통치자. 유일하게 형상들을 파악할 수 있으며, 따라서 유일하게 실제적인 지식을 가질 수 있다. 무엇보다도 진리를 갈망하기 때문에 가장 정의로운 사람이기도 하다. 수호자.

● **플레오넥시아** pleonexia ｜ '더 많이 가지려는 욕망'을 의미하는 그리스어. 돈과 권력에 대한 탐욕 또는 모든 세상이 자기만을 위해 존재한다고 생각하는 이기적이고 교만한 마음. 제1권에서 트라시마코스는 정의란 우리의 자연스런 탐욕을 부자연스럽게 억제하는 것에 불과하다는 대중적인 견해를 제시한다.

● **형이상학**(形而上學) metaphysics ┃ 세상에 존재하는 것이 무엇인지 묻는 것과 관련된 철학 분야. 형상이론은 영혼이 세 부분으로 이루어진다는 이론처럼 형이상학적인 이론이다.

● **형상(形相)** (그) eidos (영) Form ┃ 플라톤의 형이상학 이론에 따르면, 우리가 볼 수 있는 실재를 초월한 실재의 양상, 심지어 우리가 보고 있는 실재보다 더 실재적인 실재의 양상이 존재한다. 그 실재의 양상, 즉 가지적 영역을 구성하는 영원불변하고 절대적인 실체들이 형상이다. 선, 아름다움, 붉음, 새콤함 같은 절대적 실체들은 우리가 주변의 가시적 영역에서 경험하는 모든 대상들의 원인이다. 가령, 사과가 붉고 달콤한 것은 그 사과가 붉음의 형상과 달콤함의 형상에 참여하기 때문이고, 어떤 여자가 아름다운 것은 그녀가 아름다움의 형상에 참여하기 때문이다. 오직 형상들만 지식의 대상이 될 수 있다. 즉 형상들이 우리가 알 수 있는 유일한 것들이다.

더 강한 자의 이득에 지나지 않는 정의

〈국가〉 제1권에서 트라시마코스는 정의의 관점에 도전한다. 그는 아테네의 부유층 자제들에게 주관적 도덕 원리를 가르치던 고용 교사인 궤변론자였다. 궤변론자들은 객관적 진리를 믿지 않았다. 다시 말해, 무언가가 절대적으로 '옳은 것'이라거나 '그른 것'이라고 생각하지 않았고, 모든 행동을 그 행위자에게 이로운지 불리한지의 관점에서 평가했다. 만약 그 행동이 행위자에게 이로우면 그것에 관여해야 하고, 불리하다면 관여해서는 안 된다고 생각했던 것. 이런 믿음을 논리적 결론으로 연결시킨 일부 궤변론자들은 법률과 도덕은 관례에 불과하며, 정의롭지 못하고 불법적인 행위라도 행위자에게 이롭다면 들키지 않게 시도해야 한다고까지 주장했다. 플라톤은 〈국가〉에서 이런 태도와 싸우려고 했다.

트라시마코스는 정의가 더 강한 자의 이득에 불과하다는 말을 통해 정의를 규정하는 것이 아니라 비하하려고 든다. 이러한 주장의 바탕은 옳다고 여겨지는 규범들이 그것을 지키는 사람들은 구속하고 무시하는 사람들에게는 이익을 주는 관례들에 지나지 않는다는 궤변론자의 기본 도덕 개념이다. 정의롭지 않게 처신하는 사람들은 자연스레 권력을 얻어 통치자들, 곧 사회의 강자들이 된다. 정의가 더 강한 자의 이득인 까닭은 정의에 따라 행동하는 어리석고 약한 사람들은 불이익을 당하고, 불의하게 처신하는 강자들은 이로워지기 때문이다.

트라시마코스의 대담한 진술을 달리 해석하면, 그의 주장은 약간 기묘해진다. 플라톤의 저술을 여러 권 번역한 미국 리드 대학의 C. D. C. 리브가 제시한 해석에 따르면, 트라시마코스는 정의의 규범들이 관례들이라는 통상적인 주장에서 그치지 않고, 이러한 사회적 관례들과 규범들이 통치자들이 자신들의 이익을 증대시킬 목적으로 부과한 관례들이라고 주장하는 셈이 된다. 이렇게 해석하면, 정의의 개념들은 선전선동의 산물이자 압제자의 도구들이다.

트라시마코스의 진술을 어떻게 해석하든 여전히 소크라테스는 정의가 선하고 바람직한 것이며, 관례 이상이고, 도덕의 객관적 기준들과 연관되며, 정의를 지키는 것이 우리에게 득이란 것을 증명해야 한다. 그가 이 도전에 맞서는 과정이 〈국가〉의 나머지 부분을 차지한다.

전문화 원리

플라톤은 정의가 좋은 것임을 증명할 수 있으려면 먼저 정의가 무엇인지를 언급해야 하는데, (전통적인 그리스 사상가들처럼) 정의를 일련의 행동 규범으로 규정하지 않고 구조적인 것이라고 밝힌다. 정치적 정의는 도시의 구조 속, 그리고 개인적 정의는 영혼의 구조 속에 존재한다는 것. 도시의 정의 구조는 전문화 원리로 요약된다. 즉 사회의 각 구성원은 그의 본성에 가장 어울리는 역할을 수행해야 하며, 다른 일에는 관여하지 말아야 한다. 농사가 천성에 맞는 사람은 농사만 지어야지 다른 일을 해서는 안 되며, 나무로 물건을 만드는 것이 천성에 맞으면 목수가 되어야 하고 다른 일을 하려고 들면 안 된다. 이렇게 해야만 각자의 일이 제대로 수행될 수 있고 완성도도 높다는 것.

전문화 원리는 농부가 목수 일, 또는 목수가 농사꾼 일을 하지 못하게 만들지만, 더욱 중요한 점은 농부와 목수가 전사와 통치자가 되지 못하게 한다는 것이다. 이 원리에 의해 사회는 생산자 계층(농부, 장인, 의사 등을 포함), 전사 계층, 통치자 계층으로 나뉘고, 세 계층들의 고정된 역학 관계가 유지된다. 통치자들은 도시를 통제하여 법률과 목표들을 확립한다. 전사들은 통치자들의 명령을 실행한다. 생산자들은 정치적인 문제를 멀리하면서 다만 통치자들이 말하고 전사들이 집행하는 것에 복종할 필요가 있는 한에서만 통치 문제에 관해 마음을 쓸 뿐이다. 플라톤이 주장하는 정의로운 도시는 이런 식으로 세워진다.

세 부분의 영혼

플라톤은 정치적 정의가 사회 계층들 사이의 구조적인 관계들에 있듯이 개인적 정의도 영혼의 세 부분들 사이의 올바른 구조적 관계들에 있다고 믿는다. 도시의 생산자들, 전사들, 통치자들에 대응하여 각 개인의 영혼에도 욕망과 유인(誘因)의 별개 터전이 있다는 것. 욕구적인 부분은 배고픔, 갈증, 욕정 등과 특히 이런 욕구들을 충족시켜줄 돈을 갈망하고, 기개적인 부분은 명예를 추구하고, 이성적인 부분은 진리와 지식을 욕망한다. 정의로운 영혼 속에서는 세 부분이 올바른 역학 관계들을 갖는다. 이성적인 부분은 통치하고, 기개적인 부분은 이성적인 부분의 신념들을 실행하며, 욕구적인 부분은 복종한다.

정의로운 영혼에서 이성적이고 진리를 사랑하는 부분의 욕망들은 그 인간의 전체적인 목표들을 규정한다. 모든 욕구와 명예에 대한 고려들은 진리를 사랑하는 목표들의 처분에 달려 있다. 정의로운 영혼은 전심전력으로 진리를 추구한다. 플라톤은 철학자, 즉 말 그대로 '진리를 사랑하는 자'를 가장 정의로운 개인으로 간주하고 정의로운 도시의 통치자로 옹립한다.

태양, 선(線), 동굴

철인군주의 관념을 설명한 플라톤은 철학자의 바꿀 수 없는 정치적 역할을 밝히는 형이상학 이론과 인식 이론을 자세히 알려주기 위해 세 가지 비유에 호소한다. 태양은 철인군주가 궁극적으로 욕망하는 대상인 선의 형상의 개념을 밝혀준다. 선(線)은 한 인간이 가능한 인지 활동을 네 등급으로 설명하는데, 가장 높은 등급은 철인군주만 도달할 수 있다. 동굴은 교육이 인간의 영혼에 미치는 영향을 증명하고, 어떻게 우리가 인지 활동의 한 등급에서 그다음 등급으로 올라갈 수 있는지를 설명한다.

　동굴의 비유에서 플라톤은 다음 이야기를 상상해 보라고 권한다. 한 무리의 사람들이 태어날 때부터 깊은 동굴 속에서 햇빛이라고는 전혀 보지 못한 채 갇혀 살고 있다. 그들은 옆과 뒤를 돌아볼 수 없고 앞만 보도록 사슬에 묶여 있다. 그들 뒤에는 불이 타오르고 있고, 그 불 뒤에는 부분적인 벽이 있다. 벽 위에는 다채로운 조각상들이 있는데, 그들에게는 보이지 않는 다른 무리의 사람들이 옮기고 있다. 불 때문에 그들이 마주하고 있는 벽에는 조각상들의 그림자가 생긴다. 그들은 그 그림자들이 펼쳐 보이는 이야기들을 구경하고 있는데, 이것이 그들이 볼 수 있는 전부이기 때문에 그 그림자들을 이 세상에서 가장 실재적인 것이라고 믿는다. 그들이 '남자들,' '여자들,' '나무들,' '말(馬)들' 따위를 놓고 서로 이야기할 때는 그 그림자들을 언급할 뿐이다.

　플라톤은 다시 그 수인들 가운데 한 사람이 사슬을 벗

어나 불과 조각상 자체를 직접 볼 수 있는 경우를 상상해 보라고 요구한다. 그는 처음에는 고통스럽고 믿을 수 없지만 결국에는 그것들이 자기가 지금까지 항상 가장 실재적인 것이라고 믿어왔던 그림자들보다 더 실재적이란 것을 깨닫고, 불과 조각상들이 어우러져 실재적인 사물들의 판박이에 지나지 않는 그림자들을 만들어낸 내막을 파악하게 되면서 이제는 그 조각상들과 불을 세상에서 가장 실재적인 것으로 간주한다.

이어서 동굴을 벗어나 세상으로 올라간 수인은 처음에는 햇빛 때문에 눈이 부셔 그림자들밖에는 볼 수 없었으나 차츰 반사된 모습들이 보이고, 결국에는 실재하는 대상들, 즉 실재하는 나무들, 꽃들, 집들, 그리고 여타 물리적 대상들이 눈에 들어온다. 그는 이것들이 조각상들보다 더욱 실재적이며, 조각상들은 이것들의 모사에 불과하다는 것을 깨닫는다.

마침내 눈이 밝은 빛에 충분히 적응하자 그는 눈을 들어 태양을 보고는 태양이 그가 주변에서 보는 만물—빛, 볼 수 있는 역량, 꽃과 나무들을 비롯한 모든 대상들—의 원인이란 것을 깨닫는다. 동굴의 비유에 나오는 수인이 거치는 단계들은 선(線) 위에 그려진 다양한 눈금들에 상응한다. 그 선은 길이가 다르게 두 개로 나뉘는데, 짧은 선은 (오감으로 파악할 수 있는) 가시적 영역이고, 긴 선은 (정신으로

만 파악할 수 있는) 가지적 영역이다. 그 수인은 밝은 세상으로 올라오면서 가지적 영역으로 들어선다.

인지 단계를 비유하는 선(線)의 맨 아래 발판이 상상력이다. 동굴의 비유에서는 다리와 머리가 묶여 그림자들밖에는 보지 못하는 수인이 상상력에 해당한다. 그가 가장 실재적인 사물들이라고 여기는 것은 전혀 실재적이지 않고, 그림자들인 단순한 영상들에 불과하다. 이 그림자들은 예술이 보여주는 영상들을 의미한다. 인지적 성장에서 상상력의 단계에 묶인 사람은 서사시와 연극, 또는 다른 허구들에서 진리를 구한다. 자신과 자기 세상에 대한 개념을 실재적인 세상보다는 이러한 예술 형식들로부터 이끌어내는 것.

이 죄수가 속박에서 풀려나 조각상들을 볼 때는 선 위의 다음 단계인 믿음에 도달한다. 동굴의 비유에서는 조각상들이 우리 감각 작용의 실재적 대상들—실재적인 사람들, 꽃들, 나무들 등—에 상응한다. 믿음의 인지적 단계에 있는 사람은 이처럼 감각할 수 있는 개별자들을 가장 실재적인 것이라고 오해한다.

그러나 그는 세상으로 올라와 훨씬 더 실재적인 어떤 것, 즉 감각할 수 있는 개별자들이 불완전하게 모방하는 형상들을 접하게 되면서 인지 활동에서 사유의 단계에 도달한다. 그리고 형상들에 관해 추론할 수 있게 되는데, 영상들과 입증되지 않은 가정들을 목발로 사용한다.

그리고 그는 마침내 태양이 나타내는 궁극적 형상인 선의 형상으로 시야를 돌린다. 선의 형상은 모든 다른 형상들의 원인이며, 세상에 있는 모든 선, 진리, 아름다움의 근원이다. 선의 형상이야말로 지식의 궁극적 대상이다. 일단 선의 형상을 파악하면 수인은 인지의 최고 단계인 이해에 도달한 것이고, 추론할 때 더 이상 영상들이나 입증되지 않은 가정들의 도움을 받지 않아도 된다. 선의 형상에 도달함으로써 어떤 가정이나 영상들이 없이도 만물을 설명하는 철학의 제일원리를 찾아낸 그는 이제 선의 형상을 파악함으로써 얻은 이해를 사용하여 자신의 모든 이전 사유를 이해로 바꿀 수 있다. 즉 이제 그는 모든 형상을 이해할 수 있다. 이 단계에 도달할 수 있는 사람은 오로지 철학자뿐이고, 그렇기 때문에 철학자만이 통치하기에 적합하다.

플라톤은 선의 형상에 관한 직접적인 세부 내용을 제시하지는 못하고, 대신 태양에 빗대어 자신의 관념을 설명한다. 선의 형상과 가지적 영역의 관계는 태양과 가시적 영역의 관계와 같다는 것.(이 비유에 따르면, 동굴 속의 불은 동굴 밖 세상의 태양에 상응) 무엇보다도 태양이 가시적 영역에서 빛과 가시성(可視性)을 제공하듯, 선의 형상은 가지적 영역에서 가지성(可知性)의 근원이다. 태양이 세상을 볼 수 있게 해주듯이, 선의 형상이 우리의 지식 습득 역량을 책임지는 것이다. 태양은 만물이 가시적 세계에 존재하게 만든다. 계절을 조절하고, 꽃이 피게 하고, 짐승들이 새끼를 낳도록 영향을 미치는 등의 일을 하는 것이다. 선의 형상은 형상들의 실존을 책임진다. 왜냐하면, 형상들이 가지적 세계에 존재하도록 하기 때문이다.

정의로운 것이 이익이 되는 이유

〈국가〉에서 플라톤의 목표 가운데 하나는 정의가 훌륭하다는 것―정의로운 행동은 그 자체로 좋은 것이고, 심지어 즉각적인 이득을 가져다주지 않는 듯이 보이는 경우조차 정의로운 행위에 관여해야 한다는 것―을 입증하는 것이었다. 가장 정의로운 사람―철인군주―의 모습을 완성한 그는 이제 이 목표를 완수하는 과정에 들어간다. 제9권에서 플라톤은 정의로운 것이 이득이 된다는 주장을 뒷받침하는 세 가지 논증을 제시한다. 첫째, 폭군의 심리학적 초상화를 보여줌으로써 (정의로운 영혼이 걱정근심 없이 고요한 반면,) 불의가 도저히 그 가치가 있을 수 없을 정도로 사람의 심령을 비참하게 만든다는 것을 증명하려고 한다. 둘째, 비록 세 가지 성격 유형―돈을 사랑하는 성격, 명예를 사랑하는 성격, 진리를 사랑하는 성격―이 각기 쾌락과 그에 상응하는 선한 삶에 대한 나름의 개념을 가지고 있으면서 가장 즐거운 삶을 선택하지만, 철인만이 세 종류의 쾌락을 모두 경험할 수 있기 때문에 판단할 위치에 있다고 주장한다.

셋째, 철학적 쾌락만이 진정한 쾌락이며, 다른 쾌락은 모두 고통의 유예에 불과하다는 것을 증명하려고 한다.

플라톤은 이 논증들 가운데 어느 것도 정의가 지닌 가치의 주된 근원이라고 생각하지는 않았을 것이다. 그의 목표는 정의가 그것이 가져다주는 이득과 상관없이 훌륭하다는 것을 증명하는 일이었다. 따라서 그로서는 정의의 가치가 그것이 낳는 엄청난 쾌락에 있다는 주장은 논점을 비켜가는 것이다. 정의로운 것이 우리의 삶을 더 즐겁게 만들 것이기 때문에 정의로워야 한다는 말은 정의로운 것이 우리에게 이득이 되기 때문에 정의로워야 한다는 말이나 마찬가지다. 대신, 우리는 그가 정의의 가치는 다른 근원, 즉 객관적인 선과 관계가 있다고 주장하는 모습을 기대해야 한다. 이것이 아리스토텔레스로부터 현대의 플라톤학자 리처드 크라우트에 이르는 수많은 철학자들이 정의의 가치를 논하는 플라톤의 진정한 논증은 제9권 훨씬 전에 시작되었다고 믿는 이유다. 그들은 플라톤이 정의의 가치를 정의와 형상들의 관계에서 찾는다고 생각하는데, 그럴듯하다. 이 해석에 따르면, 정의가 훌륭한 이유는 그것이 주는 어떤 이득 때문이 아니라 그것에는 선의 형상을 파악하고 모방하는 일이 포함되기 때문이다. 정의로운 사람은 영혼을 형상들처럼 질서정연하고 조화롭게 만듦으로써 형상들을 모방하려고 한다.

Book별 정리노트

제1권

327ᵃ* - 354c

〈국가〉에서 플라톤은 스승 소크라테스를 내세워 두 가지 질문에 답하려고 한다. 정의란 무엇인가? 왜 우리는 정의로워야 하는가? 제1권은 이 문제들을 제기한다. 대화자들은 플라톤의 초기 저술들에서 발견되는 것과 흡사한 소크라테스식 대화에 참여한다. 친구와 적이 뒤섞인 속에서 소크라테스가 제기하는 질문이 "정의란 무엇인가?"다. 그는 사람들이 제시하는 모든 제안을 반박하면서 모순이 담겨 있다는 것을 보여주면서도 자신의 정의(定義)는 분명하게 제시하지 않고, 논의는 아포리아—상대자들은 더 이상 대화를 진행하지 못하고, 오히려 대화를 시작할 때보다 자기들의 믿음들을 더 확신하지 못하게 되는 막다른 상태—

---

* **스테파누스 숫자:** 프랑스 출판업자 앙리 에스티엔 Henri Estienne(라틴어로 Stephanus)이 편집한 1578년판 완결 작품들에 매겨진 숫자와 기호. 플라톤의 글을 인용할 때 대화편의 명칭과 함께 표시한다.

에서 끝나고 만다. 플라톤의 초기 대화편들은 대개 이 상태에서 끝나기 때문에 '아포리아적' 대화편이라고 불리기도 한다. 그러나 〈국가〉는 이 아포리아를 넘어선다. 제2권부터 제10권에 이르기까지 소크라테스는 적극적으로 의견을 전개하면서 풍요롭고 복잡한 정의 이론을 제시한다.

제1권은 소크라테스가 젊은 친구이자 플라톤의 작은형 글라우콘과 함께 아테네로부터 조금 떨어진 도시에서 열린 종교 축제에 참석했다가 귀가하는 장면에서 시작한다. 길에서 플라톤의 큰형 아데이만토스와 아테네의 대사업가 폴레마르코스 일행과 조우한 두 사람은 폴레마르코스의 초대를 받고 그의 집으로 가서 그의 아버지 케팔로스를 비롯한 여러 사람을 만나게 된다. 소크라테스와 케팔로스는 노년의 장점에 대한 이야기를 나누기 시작하는데, 어느 사이엔가 정의에 관한 논의로 전환된다.

부유하고 공정한 처사로 아테네 시민들에게 존경받는 원로 케팔로스가 먼저 정의의 의미를 규정한다. 케팔로스의 정의(正義)에 관한 정의(定義)는 그리스의 전통적인 견해를 대변한다. 법적 의무를 따라 살아가고, 누군가로부터 빌린 것이 있으면 갚아야 한다는 것. 소크라테스는 친구가 정신이 멀쩡했을 때 무기를 맡았는데 미친 상태로 와서 그것을 돌려달라고 요구하는 경우를 반증으로 그 견해를 반박한다. 법적으로 그 무기가 실성한 친구의 소유라는 점에서는 마땅히 돌려주어야겠지만, 그것은 타인의 목숨을 위태롭게 하는 것이기 때문에 옳지 못한 행위가 될 것이다. 따라서 정의가 법적인 의무를 존중하고 정직하게 살아가는 것이란 말은 사실일 수가 없다.

케팔로스가 제사를 지내기 위해 자리를 뜨면서 논의를 넘기자 폴레마르코스가 이어받아 새롭게 정의를 규정한다. 친구에게는 이득을 주고, 적에게는 해를 입히는 것. 이정의(定義)가 케팔로스의 정의와 다르게 보일지 모르지만, 사실은 서로 밀접한 관계가 있다. 두 정의는 각자에게 때가 된 것은 돌려주어야 한다는 것과 각자에게 적절한 것을 주어야 한다는 기본 명령을 공유하고 있는 것이다. 이 명령은 나중에 소크라테스가 제시하는 정의의 원리의 기초가 되기도 한다. 폴레마르코스의 정의(正義)는 대중적인 요소를 지닌 사유—야심찬 젊은 정치가의 태도—를 대변하는 반면, 케팔로스의 정의는 안정된 늙은 사업가의 태도를 대변한다.

소크라테스는 폴레마르코스의 견해에 담긴 많은 모순들을 밝힌다. 친구와 적에 대한 우리의 판단이 틀릴 수 있기 때문에 이 신조에 따르면 좋은 사람들에게는 해를 끼치고 나쁜 사람들에게는 도움을 줄 수도 있을 것이다. 우리가 항상 덕스러운 사람들하고만 사귀는 것은 아니며, 적들이라고 해서 항상 사회의 쓰레기인 것은 아니다. 소크라테스는 정의를 통해 사람들을 해롭게 한다는 관념 속에는 어떤 모순이 있다고 지적한다.

지금까지 진행된 모든 논의는 궤변론자 트라시마코스를 소개하기 위한 준비 작업이다. 우리는 폴레마르코스와 케팔로스에 대한 소크라테스의 추궁을 통해 정의를 보는 통상적인 견해가 만족스럽지 못하다는 것을 알았다. 그런데 트라시마코스가 이 같은 혼란의 극악한 결과, 즉 정의와 도덕적 기준들을 모조리 제거하려는 이 궤변론자의 전략을 우리에게 보여준다. 곁에서 호시탐탐 참견할 기회를 노리던 트라시마코스는 소크라테스의 문답 태도를 힐난하면서 자기가 정의에 대해 좀더 나은 답을 제시할 수 있다며 끼어든다. 정의란 더 강한 자의 이득에 불과하다. 정의로운 것은 득이 되지 않는다. 정의로운 행동은 정의롭게 행동하는 사람보다는 그렇지 않은 자들에게 득이 된다. 정의는 더 많이 가지려는 우리의 자연스런 욕망을 부자연스럽게 속박하는 것이고, 우리에게 부과된 관례이며, 지키더라도 우리에게 득이 되지 않는다. 이성적인 행동이란 정의를 전적으로 무시하는 것이다.

이제 토론의 요지가 바뀌었다. 처음에는 유일한 도전이 정의를 규정하는 것이었지만, 이제는 정의가 규정되고 훌륭하다는 것이 증명되어야 하는 것. 소크라테스는 트라시마코스의 주장을 반박하기 위해 세 가지 논증을 전개한다. 첫째, 트라시마코스에게 그의 견해가 불의를 덕으로 조장한다는 것을 인정하게 만든다. 그 견해에 따르면, 인생이란 더 많은 것—더 많은 돈, 더 많은 권력 등—을 얻기 위한 끝없는 경쟁으로 간주되며, 그 경쟁에서 가장 성공하는 사람이 가장 큰 덕을 갖게 된다. 소크라테스는 장황하고 복잡한 추론을 통해 불의는 지혜와 반대되며 지혜는 덕이기 때문에 불의는 덕이 될 수 없다는 결론에 이른다. 불의가 지혜와 반대되는 까닭은 지혜로운 사람, 즉 어떤 예술에 능한 사람은 같은 재능을 가진 사람들을 이기려고 하지 않기 때문이다. 가령, 수학자는 다른 수학자들과 경쟁하지 않는다.

둘째, 정의란 하나의 집단을 공통적으로 행동할 수 있게 만드는 어떤 규칙들을 지키는 것이라고 이해한 소크라테스는 트라시마코스가 이전에 바람직하다고 추켜세운 목표들 가운데 어떤 것에 도달하기 위해서는 이 규칙들을 따라야 한다는 의미에서 적어도 적당히는 정의로울 필요가 있다고 지적한다.

셋째, 소크라테스는 정의란 영혼의 덕이고 영혼의 덕은 영혼의 건강을 의미한다는 합의에 이르렀기 때문에 영혼의 건강을 의미하는 덕은 바람직하다고 주장한다.

제1권은 소크라테스와 그의 상대자들이 정의의 의미에 관한 합의에 이르지 못하고, 소크라테스는 정의의 가치를 옹호하는 궁색한 논증들만 제시하면서 끝나지만, 우리의 도전 방향은 정해졌다. 정의에 관한 대중적이고 전통적인 생각이 흔들리고 있기 때문에 궤변론자들의 도덕적 회의주의를 물리치려면 새로운 각오로 시작할 필요가 있다는 것.

:풀어보기

〈국가〉는 정의에 관한 저술이지만, 여타 주제들도 다루고 있기 때문에 정의보다는 다른 주제에 관한 책이라고 말하는 학자들도 있다. 비평가 앨런 블룸은 〈국가〉가 무엇보다도 철학을 옹호한다면서, 소크라테스의 제2 "변명"이라고 해석했다. 소크라테스는 아테네에서 철학을 실천했다는 이유로 처형되었다. 아테네의 지도자들은 철학을 위험한 것이라고 결정했고 자기들의 도시에서 추방하려고 했다. 소크라테스가 전통적인 신들과 전통적인 법률들에 대해 의문을 제기했으며, 그들 사회의 토대가 되는 근본적인 믿음들에 도전했고 다른 사람들에게도 그것을 조장했다는 것.

블룸에 의하면, 〈국가〉에서 플라톤은 처형의 빌미가 된 스승의 행동을 변호하려고 한다. 그의 목표는 철학자가 중요한 이유, 그리고 철학자와 도시의 관계가 어때야 하는지를 밝히는 것이다. 플라톤에 따르면, 철학자는 잠재적으로 반체제적일 수는 있으나 정의로운 도시의 삶에는 중요하다. 따라서 철학이 그 도시의 삶에 어떻게 절대적으로 필요할 수 있는지를 보여주고 싶었다. 블룸은 〈국가〉를 최초의 정치학 이론서라고 부르는데, 이 책에서 이성의 원리들에 따라 도시를 건설한다는 관념에 근거한 정치철학이 창안되었기 때문이다.

블룸은 〈국가〉에서 플라톤이 제시하는 정의와 정의로운 도시에 관한 관념들을 이해하고 나서 이렇게 해석했는데, 우리는 이 책을 먼저 블룸이 이해한 것처럼 읽어야 한다. 〈국가〉를 정의에 관한 작품으로 보면, 우선 정의가 옹호되어야 하는 이유부터 물어볼 필요가 있다. 트라시마코스가 분명히 언급했듯이 정의가 누구에게나 득이 된다고 여겨지는 것은 아니다. 윤리 사상이 대두된 이유는 바로 부도덕한 사람들, 곧 옳고 그름의 규칙들을 따르기보다 사익만 추구하는 것이 더 낫다고 생각하는 사람들이 존재해 왔기 때문이다.

그리스의 정의 개념은 히시어드 같은 시인들로부터 비롯되었다. 그는 〈노동과 나날〉에서 정의란 반드시 지켜져야 할 일련의 특정한 행위들이라고 표현했다. 그리스인들은 제우스신이 선한 사람들에게는 상을 내리고 나쁜 사람들에게는 벌을 주기 때문에 보상과 처벌을 염두에 둔다면 정의로워야 한다고 생각했다. 그러나 기원전 5세기 말의 아테네에서는 인과응보에 대한 믿음이 무너지면서 누구도 더 이상 신이 의인에게는 상을 주고 악인에게는 벌을 내린다는 것을 믿지 않게 되었다. 불의한 사람들이 번창하고 정의로운 사람들이 뒤처지는 경우를 수없이 볼 수 있었던 것. 아테네에서 발전한 세련된 민주사회에서는 내세에 대한 희망을 키우려는 성향을 지닌 사람은 거의 없었다. 그러자 정의는 엄청난 논란을 야기하는 문제가 되었다.

이 논란을 선도한 것은 부자들에게 고용되어 그 자제들을 가르친 궤변론자들이었다. 그들은 일반적으로 객관적 진리 또는 옳고 그름의 객관적 기준들을 믿지 않는 경향이 있었으며, 법과 도덕도 임의적인 관례들에 지나지 않는다고 간주했다. 안티폰은 정의롭지 않은 것이 이익이 된다면 정의롭지 않아야 한다고까지 선언했다.

플라톤은 이 같은 공세로부터 정의를 지켜야겠다고 결심했다. 〈국가〉에서 정의가 더 강한 자의 이득이라고 단언하는 트라시마코스는 이러한 궤변론적 도전을 대표하는 인물인데, 그의 진술로 인해 나머지 부분에서 정의를 옹호하게 되었기 때문에 분석할 가치가 있다. 정의가 더 강한 자의 이득에 불과하다는 트라시마코스의 주장은 정확히 어떤 의미인가? 더 강한 자는 누구인가? 그들이 얻게 되는 이득은 무엇인가?

트라시마코스의 주장을 해석하면, 우리가 정의라고 생각하는 규범과 관행들이 준수자에게는 해롭고 위반자에게는 득이 되는 관례들에 불과하다는 궤변론적인 기본 도덕 개념으로 집약된다. 정의롭지 않게 행동하는 사람들이 자연스레 권력을 차지하고 통치자들과 사회의 강자들이 된다.

반면, 어리석고 약한 사람들은 정의에 따라 행동하면 불이익을 당하고, 강자들에게는 이득을 안겨준다는 것. 그런데 리브는 트라시마코스가 정의의 규범과 관행들이 관례들에 불과하다고 단언할 뿐만 아니라 나아가 통치자들이 자신의 이익을 증대시키고 피지배자들을 억압 상태에 묶어두기 위해 규정한 관례들이라고 주장하는 것이라고 해석한다.

　두 번째 해석은 옳음과 그름에 대한 우리의 개념뿐 아니라 소크라테스가 진리를 발견하는 일반 방식에 대해서도 문제를 제기하기 때문에 흥미롭다. 소크라테스의 논박문답법은 우리의 참된 믿음들로부터 지식을 쌓아가는 방식으로 전개된다. 만약 트라시마코스가 옳다면, 우리에게는 정의에 대한 아무런 참된 믿음도 없는 것이 되고, 가진 것이라곤 통치자들이 강요한 믿음들뿐이다. 옳고 그름에 관한 진리를 발견하려면, 우리는 낡은 방법을 버리고 처음부터 다시 시작하여 전통적인 믿음에 의존하지 않고 지식을 쌓아야 한다. 제2권에서 플라톤은 논박문답법을 포기하고 처음부터 다시 논의를 시작한다.

　우리가 트라시마코스의 진술을 어떻게 해석하든, 소크라테스가 해결해야 할 문제는 변함이 없다. 정의란 좋고 바람직하다는 것, 관례 이상이라는 것, 도덕의 객관적 기준들과 연관되어 있다는 것, 그리고 정의를 지키는 것이 우리에게 이득이 된다는 것을 증명해야 한다.

제2권

357ᵃ - 368ᶜ

요점정리

소크라테스는 트라시마코스에게 제대로 대답해 주었다고 믿고 정의에 대한 논의를 끝내지만, 나머지 사람들은 그들이 도달한 결론에 만족하지 못한다. 글라우콘이 좌중에 있던 사람들이 내심 소크라테스에게 바라던 것을 설명해 준다. 모든 선은 세 부류인데, 신체 단련과 의학적 치료처럼 그 자체가 아니라 보수나 그 밖의 결과 때문에 좋아하는 것, 기쁨처럼 그 자체 때문에 좋아하는 것, 그리고 최고의 부류인 지식, 시력, 건강처럼 그 자체뿐만 아니라 우리에게 주는 결과 때문에도 좋아하는 것이 있다. 글라우콘은 소크라테스에게 정의가 바람직할 뿐 아니라 그중에서도 가장 훌륭한 부류인 그 자체와 그 결과들 때문에 바라는 것들에 속한다는 대답을 얻어내고는 그것의 증명을 요구한다.

글라우콘은 대다수 사람들은 정의를 첫 부류, 즉 보수나 명예 때문에 실천하는 것이지 그 자체 때문이라면 기피해야 될 것으로 생각한다고 지적한다. 대개 정의를 필요악, 즉 정의를 제거하면 닥쳐올 더 거대한 악을 피하기 위해 마지못해 겪을 수밖에 없는 악이라고 간주한다는 것. 정의는 인간의 약함과 취약성에서 나온다. 우리는 누구나 상대방으로부터 불의를 겪을 수 있기 때문에 서로를 정의롭게 대하겠다고 합의하는 사회계약을 체결한다. 정의가 없으면 더 나쁜 일을 겪을 수 있다는 것을 알기 때문에 정의라는 짐을 짊어질 뿐이다. 정의란 그 자체를 위해 실천되는 것이 아니라 두려움과 나약함 때문에 참여하게 되는 것이다.

글라우콘은 요점을 강조하기 위해 생각실험*에 호소한다. 기게스의 반지에 관한 전설을 끌어들여 정의로운 사람에게 투명인간이 되게 하는 반지가 생긴 경우를 상상해 보라고 요구하는 것. 이 반지를 소유하면, 보복의 두려움 없이 옳지 못한 행동을 할 수 있다. 따라서 심지어 가장 올바른 사람이라도 이 반지를 갖는다면 서슴없이 나쁜 행동을 자행하리란 점은 누구도 부인하지 못할 것이며, 온갖 물욕, 권력욕, 성욕을 탐할 것이다. 이 이야기를 통해 사람들은 자발적으로 정의로워지는 것이 아니라 처벌이 두렵기 때문에 부득이하게 정의로울 뿐이란 사실이 입증된다. 정의가 그

---

* **생각실험**(thought-experiment): 넓게 말해, 구체적인 사물들이 실제로 존재하는 방식을 이해하기 위해 상상 속에서 실험해 보는 방법.

자체로 바람직하기 때문에 정의로운 사람은 없는 것이다.

글라우콘의 연설은 사람들이 정의롭기보다는 정의롭지 못한 것을 선호할 뿐만 아니라 그렇게 하는 것이 이성적이란 점을 증명하기 위한 시도로 끝난다. 완벽하게 정의롭지 못한 삶이 완벽하게 정의로운 삶보다 더 즐겁다고 주장하면서 정의로운 사람과 정의롭지 못한 사람의 모습을 상세하게 묘사하는 것. 온갖 욕구를 탐하는 완벽하게 정의롭지 못한 사람은 명예로워지고 부유해지는 반면, 완벽하게 정의로운 사람은 멸시당하고 비참해진다.

이어 아우의 주장을 보강하기 위해 아데이만토스가 끼어들어 정의는 그 자체가 아니라 현세나 내세에서 거둬들이는 보상들 때문에 찬양받는 것이라고 주장한다. 따라서 소크라테스에게 정의가 아무런 외적인 보상을 가져다주지 않아도 바람직하다는 것, 즉 정의가 기쁨, 건강, 지식처럼 그 자체로 바람직하다는 것을 증명하라고 요구한다.

:풀어보기

제1권에서 정의를 공격한 트라시마코스에 이어 글라우콘과 아데이만토스는 정의가 사회계약에 의해 결정된다는 이론을 제시하고 정의가 내세에서 보상을 구입하는 화폐라고 주장함으로써 정의의 가치를 증명해야 하는 소크라테스의 문제를 더 어렵게 만든다. 이미 정의에 대한 몇 가지 관념이 반박되었는데, 플라톤은 어째서 소크라테스가 자신의 정의 관념을 대략 제시할 기회를 갖기도 전에 문제를 더 복잡하게 만드는 것일까?

첫째 이유는 방법론적인 것이다. 항상 상대방이 제시할 수 있는 가장 강력한 입장을 확실하게 공격하는 것이 최선이기 때문. 플라톤은 정의가 더 강한 자의 이득이라는 주장을 분석하고 반박한 후에 부도덕을 부르짖는 그자가 다시 나타나서 '그렇지만 정의는 사회계약에 불과하다'고 말하는 상황을 원치 않았던 것이다. 즉 정의를 옹호함으로써 자신이 부도덕한 자들이 내세우는 최선의 모든 논증들을 반박했다는 점을 분명히 하고 싶은 것이다.

플라톤이 정의에 관한 여러 관점을 연달아 제시하는 것은 철학에 대한 자신의 새로운 접근법을 보여주려는 의도였을지 모른다. 초기 대화편들에서는 소크라테스가 궤변론자들과 논쟁을 벌이는 일이 잦지만, 트라시마코스는 소크라테스와 논박을 주고받는 궤변론자로서는 마지막 인물이다. 이후부터는 소크라테스가 심각하게 그릇된 가치관을 지닌 사람들과 논쟁을 벌이는 모습은 나타나지 않는다. 이것은 논박문답법과 아포리아 기법들과 결별하고, 이론을 구축하려는 좀더 건설적인 노력들로 나아간다는 표시다.

플라톤은 그의 삶이 변화되는 시기에 〈국가〉를 집필했

는데, 그 직전에는 학문에 흥미를 지닌 사람들이 공적인 삶에서 벗어나 철학 연구에 몰두할 수 있는 아카데미아를 세웠다. 삶에서도 거리의 모든 사람에게 질문을 던지고자 했던 소크라테스의 이상을 포기했으며, 글에서도 대화상대자로서 궤변론자를 버리고 글라우콘과 아데이만토스처럼 신중하게 선택한 인물들을 등장시켰다.

플라톤은 이 무렵에 철학이 발전하기 위해서는 먼저 협력적이고 건설적인 노력이 되어야만 한다는 결론에 이르렀기 때문에 아카데미아를 세웠고, 글에서는 소크라테스를 생각이 같고 배우려는 마음이 간절한 대화상대자들과 짝을 지웠다. 글라우콘과 아데이만토스가 소크라테스에게 계속 문제를 제기하는 까닭은 그들이 그의 대화상대자로서 등장하기 때문이다. 궤변론자인 트라시마코스와의 논의는 아포리아로 이어질 수밖에 없었으나 그들과의 대화는 긍정적인 결론으로 이어질 가능성이 있다.

이것은 스승의 사명에 대한 배신행위로 보일지 모르지만, 플라톤에게는 이처럼 급진적으로 바뀔 만한 이유가 있었을 것이다. 적을 상대하는 일에는 엄격한 한계들이 있다. 우선 대화자의 관점이 상대방의 관점과 전혀 다를 경우에는 실질적인 진전을 결코 기대할 수 없다. 기껏해야 서로의 견해를 깎아내릴 수 있을 뿐이지 함께 긍정적인 이론을 세우기란 불가능한 일인 것.

368ᵈ - 383ᶜ

그러니 각자가 타고난 성향에 적합한 한 가지 일만, 그리고 적기에 하면서 다른 사람들의 일을 해야 하는 것에서 벗어난다면, 더 많고 더 좋은 상품들이 더 쉽게 생산될 수가 있다는 말일세.(370ᶜ. 인용문 해설 1 참고)

소크라테스는 불의보다는 정의가 그 자체만으로 바람직하며, 정의로운 당사자에게는 그 자체로 어떤 작용을 하기에 좋은 것인지 밝혀달라는 요구에 응할 마음이 내키지 않지만, 다른 사람들 때문에 어쩔 수 없이 자신의 논박 계획을 실행에 옮긴다. 정의에는 두 종류, 즉 도시나 국가에 속한 정치적 정의와 개인에게 속하는 개별적 정의가 있다. 그는 도시가 사람보다 더 크기 때문에 먼저 정치적 수준에서 정의를 찾고, 이어서 개인에게 그와 유사한 덕이 있는지를 살펴보는 쪽이 더 쉬울 것이란 가정에 따라 논증을 전개한다. 정치적 정의에 관해서는 처음부터 완벽하게 정의로운 도시를 설정하고 언제 어디서 정의가 개입하는지 살펴보기로 한다. 이 계획이 제4권까지의 주제다.

소크라테스는 인간 사회를 이루는 근본 원리로서 전문화 원리를 소개한다. 이 원리에 따르면, 각 개인은 천성적으로 가장 적합한 역할을 수행해야 하며, 다른 일에는 끼어들지 않아야 한다. 목수는 나무로 물건들만 만들고, 농사꾼은 농사만 지어야 하는 것. 이 원리의 배경은 사람들에게는 저마다 천부적 성향이 있다는 생각이다. 전문화는 단순한 분업뿐만 아니라 가장 적절한 분업을 요구한다. 이렇게 해야만 모든 일이 가능한 한 가장 효율적으로 이뤄질 수 있다.

도시의 토대가 되는 원리를 분리해낸 소크라테스는 도시를 세우기 시작할 준비가 되었다. 우선 채워야 할 부분은 식량, 의복, 건강, 주거 같은 생활에 꼭 필요한 품목을 조달하는 역할이다. 정의로운 도시에는 자기 일에만 종사하고 다른 사람의 역할에는 관여하지 않는 장인들, 농부들, 의사들이 거주하며, 사용할 물건들을 생산하기 때문에 모두가 소위 '생산 계급'의 구성원이다.

이처럼 필요한 욕망들에 의해서만 지배되는 '건강한 도시'에는 생산자들만 있고, 그들은 꼭 필요한 물건들만 생산한다. 글라우콘은 소크라테스와 달리 그처럼 기본적인 필요만 충족되는 도시는 '돼지들의 도시'일 것이라면서, 사람들은 필요한 욕망 이외에 관례대로 불필요한 것들—기름진

요리, 호화로운 환경, 황금, 예술 등—에 대한 욕망도 갖기 때문에 그런 도시는 불가능하다고 주장한다.

다음 단계는 이 도시를 의식주의 해결 이외에 삶에 꼭 필요하지 않은 것을 원하는 사치스런 도시, 즉 '열병에 걸린 도시'로 바꾸는 것이다. 일단 사치품들에 대한 수요가 발생하면 상인, 배우, 시인, 가정교사, 보모, 이발사, 요리사 같은 역할들이 생겨나면서 이전 인구를 충분히 부양할 수 있던 땅도 턱없이 부족해진다. 그렇게 되면 이웃나라의 땅을 빼앗아야 하고, 그 이웃나라도 필수적인 한도를 넘어 재물을 무제한 얻고자 할 때는 우리 땅을 빼앗으려고 들 것이다. 따라서 이 같은 풍요는 반드시 전쟁으로 이어질 테고, 그렇게 되면 도시 안에서 평화를 유지하고 외부 세력으로부터 도시를 수호할 전사 계급이 필요해진다. 생산자들은 전사들처럼 행동해서는 안 된다. 전문화 원리에 따르면, 유능한 전사가 될 수 없기 때문이다.

소크라테스는 제2권의 나머지와 제3권의 대부분에서 소위 '수호자들'인 전사들의 본성과 교육에 대해 다룬다. 수호자들은 온유하면서도 대담한 성품이 균형을 갖춰 자기편에게는 온순하고 적에게는 사나워야 하며, 흉포하거나 유약하고 무능하면 안 된다. 그 구성원들은 자연에 어긋나지 않고 올곧은 성향을 타고난 사람으로 신중하게 선발해야 하며, 특히 기개가 있고 철학적이며, 즉 명예를 사랑하고 지식을 사랑하며, 신체적으로 강인하고 민첩해야 한다.

본성만으로는 수호자가 될 수 없다. 본성은 교육을 통해 보호되고 보강되어야 한다. 수호자의 교육에는 몸을 위한 체육과 영혼을 위한 시가(詩歌)가 포함되며, 도시의 가장 중요한 측면이다. 건강하지 않고 사치스러운 도시가 정화되고 순화될 수 있는 과정이기 때문이다. 소크라테스는 수호자들의 교육이 너무 중요한 나머지 특별히 공을 들여 그 과정을 소개한다.

먼저 도시에서는 어떤 종류의 이야기*가 허용되는지부터 묘사한다. 훈련중인 미래의 수호자들에게 들려줄 이야기들은 특히 엄격하게 감독되어야 한다. 어린이들의 영혼을 형성해 주기 위해 들려주는 것이 주로 이야기이기 때문이다. 따라서 제2권의 나머지는 신들과 관련된 이야기들에 관해 논의한다. 그런 이야기들을 들려줄 때는 두 가지 규칙을 지켜야 한다. 첫째, 항상 신들은 전적으로 선하고 세상에서 좋은 일만 책임지는 존재로 그려져야 한다. 만약 신들이 히시어드와 호머를 비롯한 고전시대 작가들의 전통적인 이야기에서처럼 전쟁이나 일으키고, 모략을 꾸미고, 예사로 사람을 죽이는 존재들로 제시되면, 어린이들은 속절없이 그 같은 행동이 허용될 수 있으며 심지어 존경할 만한 것이라고

---

* **이야기**(logos): 넓은 의미에서 옛날이야기, 전설, 신화, 시, 산문 설화 등.

믿으면서 자랄 수 있다. 둘째, 신들은 마음대로 둔갑하는 마술사나 거짓말쟁이로 그려져서는 안 된다. 어린이들이 진리와 정직함에 대한 온당한 존경심 없이 성장할 것이기 때문.

플라톤이 생각하는 교육의 기본 원리는 영혼도 몸처럼 건강한 상태와 건강하지 못한 상태를 모두 가질 수 있다는 것이다. 몸과 마찬가지로 이 상태는 영혼이 소비하는 것과 하는 일에 의해 결정된다. 교육은 영혼이 소비하는 영상과 관념들 및 영혼이 관여할 수 있는 활동과 관여할 수 없는 활동을 결정한다. 영혼은 항상 소비하고 있기 때문에 도시에서 접할 수 있는 자극들은 반드시 엄격하게 통제되어야 한다. 플라톤은 영혼을 쉬지 않고 풀을 뜯는 양떼에 비교한다. 양떼를 독초가 자라는 들판에 풀어놓고 조금씩 독초를 뜯어먹게 하면, 결국 병들어 죽듯이 영혼도 유해한 영향들에 둘러싸이게 하면, 차츰 그것들을 받아들여 병이 들게 마련이다. 따라서 플라톤은 수호자들에게 주어져야 할 특수한 훈련과 정뿐만 아니라 전체 도시의 문화생활에서 허용되어야 할 것까지 지시하고 있다. 수호자들도 다른 사람들처럼 끊임없이 영상들을 흡수한다. 공식적인 학교의 교육과정과 도시의 일반적인 문화생활은 사실상 거의 차이가 없는 것이다.

플라톤은 도시의 문화생활에 관한 엄격한 기준들을 처방한다. 신들에게 바치는 찬가들과 명사들에게 바치는 헌가들을 제외한 모든 시가를 제거하고, 그림과 건축에는 제한을 두면서 이 같은 심미적인 희생에 유감을 표하면서도 교육을 위해서라면 꼭 필요한 일이라고 느낀다. 교육이야말로 건강하지 못한 사치스러운 도시를 순결하고 정의로운 도시로 바꾸는 중대한 토대이기 때문이다. 교육이 어떻게 이런 일을 할까? 대답은 정치적 정의가 무엇인지를 이해해야 분명해진다.

이 시점에서 수호자들의 교육만 그토록 중요한 것인지 의문을 품어봄직하다. 만약 교육이 영혼의 건강 상태를 결정한다면, 다른 사회구성원들의 영혼에 관해서도 신경을 써야 하지 않을까? 물론, 모든 영혼들의 교육에 마음을 쓰는 것은 당연하다. 그러나 당장은 도시의 선에 초점을 맞추고 있기 때문에 전체 도시에 영향을 미칠 일에만 관심을 갖는 것뿐이다. 우리의 도시가 세워진 방식에 의하면, 생산 계급은 정치 생활에서 배제되기 때문에 그들의 교육은 수호자의 교육만큼 도시의 선에 중요하지 않다. 교육이 모든 사람에게 중요하기는 해도 전문화된 소명에 알맞은 기량 함양에 치중할 생산자들의 교육은 전체 도시의 선과는 무관하기 때문이다. 논의가 개인에 대한 문제들로 전환되면, 소크라테스는 도시의 주요 목표들 가운데 하나가 교육받을 능력을 지닌 전체 국민을 가르치는 것이라고 밝힌다.

제3권

386ᵃ - 412ᵇ

:요점정리

소크라테스는 수호자들에게 들려줄 수 있는 이야기들의 내용에 관한 논의를 계속하면서 영웅들에 관한 이야기들을 다룬다. 이 이야기들의 가장 중요한 기능은 젊은 수호자들이 죽음의 두려움에 흔들리지 않게 하는 것이다. 영웅들은 죽음을 두려워하거나 죽음보다 노예로 살기를 선택하는 인물로 그려져서는 안 된다. 하데스—죽은 영혼들이 사는 명부(冥府)—는 찬양받아야 할 곳이지 무조건 험하게 그려져서는 안 된다. 영웅들은 명사들의 죽음이 마치 나쁜 일이라도 되는 듯이 슬퍼하는 모습으로 그려져서는 안 된다. 이런 이야기들을 듣고 자라면 죽음 앞에서 주눅이 들고, 사소한 불행이 닥쳐도 울부짖으며 비가(悲歌)를 부르는 유약한 사람이 될 것이다. 그리고 한 방향의 격렬한 감정은 다른 방향의 격렬한 감정으로 이어지기 때문에 영웅들은 폭소를 터뜨려서도 안 되며, 신과 마찬가지로 항상 정직한 모습으로 그려져야 한다.

호머를 비롯한 고전시대 작가들의 작품에는 신들과 영웅들의 불완전한 모습을 보여주는 대목이 숱하게 나온다. 플라톤은 여기서 이런 대목들을 짚어가며 조목조목 비판하는데, 어떤 의미에서는 문학이 국가의 이익에 보탬이 되는 수단이 되어야 한다고 주장하는 것 같다.

소크라테스는 인간에 관한 문제는 뒤로 미룬다. 지금 시인들은 나쁜 사람은 행복하고 올바른 사람은 비참한 경우가 많고, 정의롭지 못한 짓은 들키지 않으면 득이 되지만 정의는 남에게는 좋고 자신에게는 해가 된다면서, 나쁜 사람을 현명한 사람이라고 찬양하고 처벌만 피할 수 있다면 정의롭지 않은 것이 더 좋다고 말하고 있다. 이런 주장들을 반박하는 것이 우리의 당면 과제지만 아직은 섣불리 나쁘다고 결정할 입장이 아니다. 먼저 그 주장들의 오류를 증명한 후에야 이 이야기들이 진리가 아닌 것을 나타내기 때문에 불법이라고 단죄할 수 있다.

소크라테스는 허용될 수 있는 이야기들의 문체에 관해 논의하면서 가장 적합한 운율을 제시하고, 어떤 부분이 연극적인 형식 또는 서정시적 형식이 되어야 할지에 대해 분석한다. 회화, 조각, 건축 등, 다른 예술 분야에서도 시의 경우처럼 예술가들이 사악하고, 무절제하고, 비굴하고, 비루한 인물들을 나타내지 않도록 감시해야 한다. 따라서 수호자들이 모방해야 할 아름답고 우아한 것들 이외에는 모두 허용하지 않아야 한다.

소크라테스는 교육에 관한 논의에 넣기에는 놀라울지 모를 주제, 즉 소년과 성인 남자 사이의 올바른 사랑 문제에 관해 언급한다. 그 요지는 두 사람의 관계가 소년의 교육에서 필수적인 부분이지만, 성적 교접을 허용해서는 안 된다는 경고다. 그 관계에 관능적 쾌락이 개입되면 올바르게 사랑하고 사랑받는 사람들이 될 수 없다는 것.

다음 주제는 수호자들의 체육이다. 체육은 운동선수들과는 달리 전쟁과 관련된 훈련이 포함되어야 하고 어릴 적부터 평생 정확하게 받아야 하며, 시가를 통해 균형을 이루는 것이 지극히 중요하다. 체육에 너무 치중하면 야만스럽게 되며, 시가에 너무 치중하면 허약해진다.

: 풀어보기

성인 남자와 소년의 사랑을 다루는 대목을 보면, 그런 사랑이 도대체 교육과 무슨 관계가 있는지 의문스러울 것이다. 에로스 또는 적절한 사랑은 지식의 고지(高地)로 오르고 싶도록 만드는 감정이다. 참된 지식은 우리 주변의 관찰 가능한 세상에서는 얻을 수 없으며, 그 대상은 우리의 정신만 도달할 수 있는 보편적이고 영원한 진리인 형상들의 영역이다. 비록 우리는 공부를 통해 더 높은 영역으로 지적인 도약을 할 수는 있지만, 에로스는 공부를 하고 싶도록 마음을 움직인다. 모든 행동은 반드시 어떤 욕망이나 감정에 의해 촉발되는데, 우리에게 형상들을 추구하게 만드는 정서적 동기가 애욕적 사랑인 것. 에로스는 물리적 세계와 가지적 세계를 잇는 다리이자 철학자의 탐구 동기가 된다.

플라톤의 〈향연(饗宴) *Symposium*〉에 의하면, 욕정은 우리가 지식을 향해 몇 단계를 나아가도록 자극한다. 우리는 먼저 하나의 물리적인 몸의 아름다움을 사랑하고, 거기서부터 두 개의 물리적인 몸에 대한 사랑으로 나아가며, 다음에는 모든 물리적 아름다움에 대한 사랑으로 진행하고, 이어 전통과 제도들에 대한 사랑, 아름다운 학문들에 대한 사랑, 그리고 끝으로 최고의 학문인 아름다움 자체에 관한 지식으로 진행한다. 우리가 아름다움 자체, 즉 아름다움의 형상에 도달하면 여행은 끝나게 되고, 우리는 지식을 얻어 진정한 철학자가 된다. 따라서 애욕적 사랑은 교육을 다루는 자리에 완벽하게 들어맞는 주제이면서 철학자의 교육에는 꼭 필요한 것이다.

플라톤은 이 관계에 성적 교합이 개입되는 것을 금한다. 형상들에 관한 지식으로 이어지는 가장 높은 부류의 사랑은 사랑받는 사람을 진리와 선에 대한 지식으로 이끄는 것이 목표다. 사랑하는 사람의 가장 큰 욕망은 사랑받는 사람의 영혼을 고양시키는 것이다. 그러나 이것은 플라톤이 육체적 쾌락을 금하는 이유가 아니라 사랑이 주로 그것에 집중하면 안 되는 이유를 설명할 뿐이다.

성적 교합이 보탬이 되는 유용한 목표란 하나도 없다. 이성 간의 성교는 출산에 필요하기 때문에 용납되어야 하지만, 동성 간의 교접은 다만 육체적 쾌락의 충족에 불과하고 아무런 쓸모가 없다. 선하지도 않고 아름답지도 않은 것이라면 무엇이든 피해야 한다. 그리고 플라톤이 〈국가〉의 후반에서 밝히듯이 영혼의 건강은 그 사람이 목표로 삼고 충족시키려는 욕망들에 의해 결정된다. 정의로운 영혼이란 올바른 욕망들을 추구하는 영혼이다. 육체적 쾌락에 대한 욕망은 충족시킬 만한 가치가 없다. 따라서 선한 사람, 즉 철학적인 사람이라도 그의 어린 친구에게 육체적 욕망을 품을 수 있겠지만, 그것에 따라 행동하지 않는 것, 즉 육체적 쾌락에 대한 갈망을 충족시키려고 들지 않는 것이 그의 덕에 중요하다. 대신, 그 육체적 욕망을 진리와 선에 대한 열망, 그리고 두 사람이 함께 그 진리와 선을 발견하려는 열망으로 바꿔야 한다.

412c - 417b

수호자들에게 실시할 올바른 교육에 관해 설명한 소크라테스는 정의로운 사회의 세 번째이자 마지막 계층인 통치자들을 소개한다. 지금까지 수호자들이라고 불렸던 집단이 나뉘면서 그들 가운데 가장 훌륭한 사람들이 통치자들로 선발되고, 이제부터는 그들만 '수호자들'이라고 불리게 된다. 그 나머지는 모두 전사들이 되는데, 통치자들을 도와 그들의 결정을 집행하기 때문에 '조력자들'이라고 불린다.

올바른 통치자들을 선발하기 위해서는 모든 수호자들을 어릴 적부터 줄곧 관찰해야 한다. 그들은 도시에 대한 충성도를 결정할 의도로 마련된 다양한 시험을 통과해야 하고, 유혹이나 강제에 맞서서도 신념을 지키려는 확신이 있는지를 알아보기 위해 여러 가지 두려움, 고통, 쾌락 등에 노출된다. 여기서 가장 뛰어난 사람들은 통치할 경우를 대비하여 더 높은 단계의 교육을 받게 된다. 통치자들에 대한 추가 교육은 제7권에서 논의된다.

통치자의 자격 문제를 놓고 논란이 생기지 않도록 하기 위해 소크라테스는 모든 시민에게 보통 '금속들의 신화'라고 불리는 유용한 허구를 들려줄 것을 제안한다. 이 신화에 의하면, 도시의 모든 시민은 땅에서 태어났다. 이 허구는 사람들에게 그 땅과 동료 시민들에게 충성하라고 설득하는데, 그럴 만한 이유가 있다. 그 땅은 그들의 어머니이고, 동료 시민들은 형제자매이기 때문이다. 신은 시민 개개인이 태어날 때 그의 영혼과 특정한 금속을 섞었다. 통치하는 것이 가장 적합한 사람들에게는 황금, 조력자가 어울리는 사람들에게는 은, 그리고 생산자들이 되기에 알맞은 사람들에게는 청동이나 철을 섞었다. 도시는 영혼에 나쁜 금속이 섞인 사람들이 통치해서는 안 되며, 신탁에 의하면 그런 일이 일어날 경우에 도시는 멸망하고 만다.

　　철과 청동의 영혼을 지닌 사람들은 철과 청동의 자손, 은의 영혼을 지닌 사람들은 은의 자손, 황금의 영혼을 지닌 사람들은 황금의 자손을 낳는 것이 보통이지만, 반드시 그렇지는 않다. 생산자이지만 황금이나 은의 성분이 혼합된 상태로 태어나면 그런 본성을 지닌 지위로 상승시키고, 수호자나 조력자이지만 청동이나 철의 성분을 지니고 태어나면 그 성향에 적합해 보이는 지위로 내려 보내는 것. 정의로운 사회에서 어른들의 계급 이동은 어려웠지만, 계급이 반드시 유전에 의해 결정되는 것은 아니다.

플라톤은 수호자들에게 제공되는 주거에 대해 간단히 논하면서 제3권을 마친다. 수호자들은 모두 도시가 제공하는 주거에서 공동생활을 하며, 급료가 없고, 사유 재산을 보유할 수 없다. 도시는 생산 계급으로부터 세금을 거둬 그들을 전적으로 지원해 준다. 수호자들은 금이나 은을 다루거나 만지는 것도 허용되지 않는다. 즉 영혼 속에 신들에게서 받은 신성한 금은을 항상 지니고 있기 때문에 이 세상의 금은이란 불필요하고 영혼 속에 있는 거룩한 금은과 섞는 것은 불경한 일이다. 만약 통치자들에게 사유 재산의 취득이 허용된다면 반드시 주어진 권력을 남용하고 도시 전체의 선보다는 사사로운 이득을 위해 통치하기 시작할 것이 명약관화하다.

풀어보기

〈국가〉를 처음 읽는 독자들은 플라톤의 이상적인 도시가 너무도 권위적이기 때문에 놀랄 것이다. 이 부분에서 몇 가지 권위주의적 양상이 부각된다. 개인적 자유는 존중되지 않고, 다른 모든 고려사항보다 국가의 선이 최우선이다. 사회적 계층들이 엄격히 정해져 개인들은 자신의 의사와는 무관하게 각 계층에 속하게 된다. 물론, 플라톤은 누구나 자신의 계급이 천성에 가장 적합하기 때문에 가장 좋게 생각할 것이라고 주장하면서 반론을 제기하겠지만, 그들에게는 삶을 결정할 때 아무런 기회도 주어지지 않는다. 한 시민의 운명이 일찌감치 결정되고, 그가 성숙해가면서 계급을 바꿀 규정은 거의 없는 것.

이상적인 도시를 권위주의적이라고 주장하는 사람들은 '금속들의 신화'도 지적할 수 있다. 진리를 그토록 중시한다고 주장했던 플라톤이 이처럼 방만한 기만을 쉽사리 정당화한다는 것은 앞뒤가 맞지 않는 듯하다.

그러나 우리는 이 권위주의적인 유토피아에 질색하여 물러서기보다는 잠시 판단을 유보하는 쪽이 좋을지도 모른다. 〈국가〉를 읽으면서 왜 우리가 개인적인 자유를 그토록 소중하게 여기는지, 그리고 그렇게 함으로써 우리가 어떤 것을 희생시킬 수 있을지 자문해야 하기 때문이다.

제4권

419a - 434c

　　아데이만토스가 끼어들어 통치자들이 특혜보다는 엄격한 공동생활을 강요당하기 때문에 즐거운 것 같지는 않다고 지적한다. 사유 재산이 없기 때문에 남들처럼 행복한 생활을 누리지 못하고 파수꾼 노릇만 하는 사람에 불과해 보인다는 것. 소크라테스는 정의로운 도시를 세우려는 목표는 다른 집단들을 희생하여 어느 한 집단을 행복하게 만들기 위해서가 아니라 도시 전체를 최대한 행복하게 만드는 것이라고 상기시킨다. 우리는 수호자들에게 그들을 수호자가 아닌 다른 사람으로 만들 수 있는 종류의 행복을 제공할 수 없다. 이 경우를 조각상 만드는 일과 비교해 보자. 세상에서 가장 아름다운 색깔은 자주색이다. 따라서 그 조각상에서 가장 아름다운 부분인 눈을 최대한 아름답게 칠하고자 한다면, 자주색을 써야겠지만 자주색 눈을 가진 사람은 없기 때문에 눈을 자주색으로 칠하면 조각상 전체의 아름다움을 훼손시킬 것이다. 그러니 우리는 조각상의 눈을 자주색으로 칠하지 않는다. 하물며 조각상도 이럴진대, 도시 전체를 최선의 상황으로 만들기 위해서는 반드시 각 부분을 적절하게 배려해야 한다.

소크라테스는 수호자들의 생활양식과 관련된 몇 가지 주제를 더 다룬다. 이 도시에는 돈이 없을 것이기 때문에 사치, 게으름, 변혁을 초래하는 부와 변혁 이외에 기량 저하를 초래하는 빈곤은 없을 것이다. 아데이만토스가 재물이 없는 도시는 부유한 침략자에 맞서 싸울 수 없다고 반박하자 소크라테스는 우리 도시에는 전문화된 최상의 전사들이 있다고 상기시키면서 주변의 도시는 금은을 사용하지 않는 우리가 전리품을 모두 주겠다고 약속하면 기꺼이 도와줄 것이라고 지적한다. 도시는 하나의 체제로 머물러 있도록 다스릴 수 없을 정도로 커지면 안 된다. 수호자들은 무엇보다도 훌륭한 성향을 생기게 하는 건전한 기본 교육을 지켜내야 하고, 아내와 자식을 포함해 모든 것을 공유해야 한다. 교육과 양육이 제대로 이루어지고 훌륭한 사람들이 살고 있는 도시에서는 법률이 쓸모없다. 수호자들의 교육이 계획대로 진행된다면, 수호자들은 어떠한 정책이든 결정을 내릴 수 있을 것이고, 법률적인 문제라고 생각하는 모든 일도 그들의 판단에 맡길 수 있다.

정의로운 도시는 완벽하며, 가능한 한 최상의 도시로

수립되었기 때문에 온갖 덕을 갖추었다고 확신할 수 있다. 이 덕들—지혜, 용기, 절제, 정의—을 규정하려면 우리 도시를 들여다보고 찾아내면 되는데, 그것을 하나씩 찾아보기로 하자.

가장 명백한 첫 번째 것은 지혜. 지혜는 도시가 대내외적으로 어떻게 운영되어야 할지를 결정해 주는 지식을 가진 수호자들에게 있다. 가령, 민주주의 국가처럼 소수의 참된 수호자들이 통치하고 있지 않다면, 수호자들의 덕이 그 도시의 덕으로 전환되지는 않을 것이다. 그러나 지혜로운 도시는 수호자들이 책임지고 있기 때문에 그들의 지혜가 그 도시의 덕이 된다. 용기는 조력자들에게 있다. 그들은 그 도시를 지키기 위해 싸워야 하기 때문에 용기 있는 도시의 덕으로 여겨지는 것은 그들의 용기뿐이다. 용감한 농부나 심지어 통치자도 그 도시에는 도움이 되지 않는다. 이처럼 지혜나 용기는 도시의 어느 한 부분에만 있어도 그 도시를 지혜로운 도시나 용기 있는 도시로 만드는 데 비해, 절제와 정의는 도시 전체에 걸친다. 절제는 누가 도시를 통치해야 할 것인지에 대한 합의와 같고, 정의는 그것의 보완책으로 모두가 자기 천성에 가장 적합한 한 가지 일에 종사해야 한다는 전문화 원리와 같다.

따라서 적어도 부분적으로는 두 가지 목표 가운데 하나는 이루었다. 도시 수준에서의 정의가 무엇인지를 밝혀낸

것. 다음 임무는 개인의 경우에도 유사한 덕이 있는지 알아
보는 것이다.

소크라테스는 드디어 정의에 관한 견해를 제시하는데,
제1권에서의 두 가지 관점과 흡사하다. 제1권에서 케팔로
스는 정의가 법적인 의무들의 이행이라고 주장한 반면, 폴
레마르코스는 친구에게는 이득을 주고 적에게는 해롭게 하
는 것이라고 규정했다. 두 사람의 견해는 때가 된 것은 돌
려주어야 한다는 것과 각자에게 적절한 것을 주어야 한다
는 기본 명령으로 연결되는데, 이것이 플라톤에게서는 각자
가 가장 적합한 역할을 해야 한다는 정치적 타협으로서의
정의로 바뀌어 표현된다. 각자에게 마땅히 해야 할 일이 주
어져야 한다는 것은 천성에 가장 적합하고 전체 사회에 가
장 보탬이 되는 사회적 역할이 할당되어야 한다는 것이다.

어떤 점에서 보면, 케팔로스와 폴레마르코스의 견해는
핵심에서 크게 벗어나지는 않았으나 전통적인 개념들을 따
름으로써 정의를 사회에 주어진 하나의 구조로서 도시 전
체로 확산되는 현상이 아니라 일련의 정해진 행동들이라고
생각하는 데서 그치고 있다.

플라톤은 여기서 정의에 관한 규정 이외에 4원덕(元德)

의 정의(定義)도 제시한다. 소크라테스에 따르면, 도시의 용기가 조력자들에게 있는 까닭은 그들의 용기만이 도시 전체에 영향을 주기 때문이다. 그러나 그는 이 주장에 이어 곧바로 조력자들이 지닌 것은 단순한 용기가 아니라 '시민적 용기'라고 말한다. 많은 학자들은 시민적 용기를 일종의 열등한 용기로 해석해 왔다. 소크라테스에 따르면, 조력자들은 두려워해야 할 것과 두려워하지 말아야 할 것에 관해 올바른 신념을 가져야 한다. 그들의 용기는 지식보다는 신념에 근거한 것이다. 이 책의 끝부분에서 참된 덕은 지식에 근거해야 한다고 제안함으로써 습관이나 신념에 근거하는 덕은 사태가 어려워지면 도움이 되지 않는다고 암시한다. 따라서 지식을 갖는 수호자들만 정말로 덕스럽거나 용감해질 수 있다.

434d - 445d

사회적 정의에 대해 밝힌 소크라테스는 개인적 정의를 찾기로 한다. 개인적 정의도 도시의 정의처럼 각각 가장 적합한 역할을 차지하는 부분들 사이의 올바른 역학 관계를 포함하는데, 그 '부분들'은 사회의 계급들이 아니라 영혼의 측면들, 또는 욕망의 근원들이다.

소크라테스는 개인적 정의가 정치적 정의와 병치된다는 점을 밝히기 위해 영혼에도 정확히 세 부분이 있다면서 인간의 다양한 욕망을 범주화하고, 진리를 추구하는 영혼의 이성적인 부분, 명예를 추구하는 영혼의 기개적인 부분, 음식, 성, 특히 돈을 포함한 여타 모든 것을 추구하는 영혼의 욕구적인 부분으로 나눈다. 이들 세 부분은 정의로운 사회를 이루는 세 부분과 대응한다. 욕구나 돈을 사랑하는 부분은 생산 계급에 속한 사람들, 기개나 명예를 사랑하는 부분은 조력자들, 이성이나 지식을 사랑하는 부분은 수호자들에게서 가장 두드러지는 영혼의 양상이다.

세 부분들 사이의 올바른 관계는 사회를 구성하는 세 계층들 사이의 올바른 관계를 반영한다. 정의로운 사람의 경우에는 영혼의 이성적인 부분이 다른 두 부분을 지배하며, 기개적인 부분이 조력자로서 욕구적인 부분을 조절한다. 이것은 진리를 사랑하는 수호자들이 통치하며, 명예를 사랑하는 조력자들이 도와 돈을 사랑하는 생산자들을 정렬시키는 도시에 비교된다. 영혼의 한 부분이 다른 부분들을 '지배한다'는 것은 전체 영혼이 그 부분의 욕망들을 추구한다는 것이다. 가령, 기개가 지배하는 영혼에서는 전체 영혼은 명예를 얻고자 한다. 욕구들이 지배하는 영혼에서는 전체 영혼이 그 욕구들을 채우려고 하는데, 그 대상은 음식, 물질적 재화들, 또는 부의 축적이다. 정의로운 영혼에서는 그 영혼은 이성이 생산하는 지식을 사랑하는 욕망들이라면 무엇이든 채우려고 한다.

소크라테스는 정치적이고 개인적인 수준에서의 정의를 밝힘으로써 첫 번째 목표를 달성했으나 정의에 대한 그의 설명은 이 덕의 진면목에 대한 우리의 직관적인 생각들과 일치하지 않는다. 우리는 정의를 일련의 행동들이라고 생각하는 경향이 있지만, 정의가 실제로 영혼의 구조의 결과라고 주장하는 그는 개인적 정의를 밝힌 다음에는 영혼이 올바로 배열된 사람은 정의의 직관적인 규범들에 따라 행동한다는 것을 증명하는데, 우리가 막 도달한 정의의 개넘이 우리의 직관과 어긋나지 않는다는 것, 즉 이 개념이 우리의 직관들을 규명하고 설명한다는 것을 보여주어야 한다. 그는 정의로운 사람은 진리에 대한 사랑이 지배하기 때문에 욕정, 탐욕, 명예욕에 휘둘리지 않을 것이고, 따라서 우리는 그 사람이 도둑질, 친구들이나 도시에 대한 배신, 간음, 불효, 맹세나 합의에 대한 위반, 신에 대한 불경, 여타 일반적으로 올바르지 못하다고 여겨지는 행위들을 범하지 않을 것이라고 안심해도 된다고 주장한다. 진리를 사랑하는 마음이 강하기 때문에 악으로 이어질 수 있는 욕구들이 약해진다는 것.

소크라테스는 정의는 영혼의 건강을 나타낸다고 단언하면서 제4권을 끝마친다. 정의로운 영혼은 각 부분이 올바로 배열된 영혼이며, 따라서 건강한 영혼이라는 것. 반면, 올바르지 못한 영혼은 건강하지 못한 영혼이다. 이런 사실을 감안하면, 우리는 적어도 정의로운 것이 이득이라고 생각할 수는 있는 위치에 이르렀다. 결국 우리는 이미 건강이 그 자체로 바람직하다고 인정했기 때문에 정의가 영혼의 건강을 의미한다면 정의도 바람직한 것이라야 한다. 그러나 아직 정의의 가치를 옹호하는 주장을 제시할 준비가 되지 않았다고 느끼는 플라톤은 제9권에 가서야 결정적인 증거들을 내놓는다.

플라톤은 정의라는 단어를 사회뿐만 아니라 개인들에 게도 적용시킨다. 그리고 〈국가〉 전편에서 사용하는 전반적 인 전략은 먼저 정치적 정의의 일차적 개념을 규명한 다음 에 개인적 정의라는 유사한 개념을 이끌어내는 것이다. 그 는 정치적 정의가 본래 구조적인 것이라고 정의한다. 사회 는 생산자들, 조력자들, 수호자들로 구성되며, 이들 세 계급 사이의 올바르고 고정된 관계들이 정의로운 사회를 이룬다 는 것. 세 집단은 저마다 천성에 가장 적합한 일만 해야 하 며, 다른 두 계급에 대해 참견하거나 서로 역할을 교환해서 는 안 된다.

이 부분에서 플라톤은 각 개인의 영혼에도 사회를 구 성하는 세 계급과 유사한 부류들이 있다는 것을 보여주려 고 한다. 즉 영혼도 도시처럼 세 부분으로 이루어진 실체라 는 것. 정의로운 개인은 정의로운 사회에 대응하여 규정될 수 있으며, 그의 영혼을 이루는 세 부분은 권력과 영향력의 필수적인 역학관계들 속에서 고정된다. 그런데 플라톤은 이 런 주장을 펼치려면 영혼에도 세 부분이 있다는 것을 입증 해야 한다.

세 부분으로 이루어진 영혼을 증명하기 위한 논증에는 두 가지 구분되는 갈래가 있는데, 둘의 관계가 애매하다. 첫째 갈래는 각 개인에게는 세 가지 변별적인 욕망들이 있다는 것을 확립하려 한다. 둘째 갈래는 세 종류의 욕망이 욕망의 세 가지 구분되는 근원들, 영혼의 세 가지 구분되는 부분들에 상응한다고 주장한다. 궁극적인 결론은 각 개인은 세 부분의 영혼을 갖는다는 것이다. 플라톤이 욕망들을 분류해야 하는 까닭은 먼저 세 가지 유형의 욕망이 있다는 것을 확실히 해놓지 않은 채 영혼에 세 가지 구분되는 부분들이 있다는 것을 증명하려는 것은 문체상 효과적이거나 흥미를 유발할 수 없을 것이기 때문이다. 첫째 갈래는 집단적 속성들이 개인적 속성들에서 비롯된다는 것을 보여줌으로써 사회적 수준에서 개인적 수준으로의 전이를 이어준다.

플라톤은 왜 그토록 각 개인에게 존재하는 세 가지 유형의 욕망이 욕망의 세 가지 독립적인 근원과 상응한다는 것을 증명하려고 했을까? 왜 세 힘들이 같은 사람에 의해 다른 때 표명되지만 영혼의 구분되는 세 부분에 상응하지는 않는다고 주장하는 것으로는 부족했을까?

이 구분은 세 유형의 욕망이 동시에 발휘될 수 있게 해준다. 정치적 정의는 구조적인 속성이고, 세 가지 필수적인 부분들 사이의 관계들로 이루어진다. 정치적 조화를 구성하는 관계들은 음악적 화음을 구성하듯이 주어진 자기 역할을 고정적으로 해내는 것이다. 개인에게서는 욕망들이 생겼다가 없어지곤 하지만 다른 부류의 욕망들 사이의 관계는 고정적이다. 영혼의 세 부분 분할은 사회에 적용되든 개인에게 적용되든 정의에 대해 똑같은 종류의 설명을 제시하고자 하는 플라톤의 전체적 기획에서는 중요한 일이다.

플라톤은 개인화의 규준을 세움으로써 세 부분의 영혼을 증명하는 논증을 시작한다. 동일한 사물이 정지하고 있으면서 동시에 움직일 수는 없듯이(436ᶜ), 동일한 것이 동시에 상반된 방식으로 영향을 받을 수는 없다. 그는 이처럼 상반되는 쌍으로 '찬동하는 것과 반대하는 것, 무언가를 갖고 싶어하는 것과 거부하는 것, 무언가를 끌어당기는 것과 떠미는 것'을 포함시킨다.(437ᵇ) 그가 이 원리를 물리적 대상들이 아니라 영혼의 측면들(특히 반대되는 욕망들)에 적용하고 싶어한다는 점을 감안한다면, 신체의 행위들로부터 유사성을 이끌어냄으로써 이 주장의 진리를 논증하려는 것은 비논리적인 듯하다.

플라톤은 힘과 욕망에 대한 관찰로부터 영혼의 부분들에 대한 결론으로 도약하기 위해 논증 내내 억제된 형이상학적 주장에 의존한다. 욕망이 있는 곳에는 욕망의 동인(動因), 즉 욕망하는 것이 있다는 것. 이러한 전제와 개별화의 규준을 이용하면, 도시 안에서 밝혀낸 세 측면에 대응하는 영혼의 세 부분에 이르게 될 것이다.

플라톤은 이 방법을 통해 맨 먼저 영혼의 순전히 욕구적인 부분이 존재한다는 것을 입증하고자 한다. 욕구하는 사람의 영혼은 언제나 그 욕구의 대상을 갈구하거나 이루어졌으면 하는 것을 끌어당긴다. 목마름은 욕구이고, 그 욕구에는 대상이 존재한다. 그런데 목마름 자체의 대상은 본성상 그저 마실 것이면 되지 어떤 특정한 마실 것일 필요는 없다.(437e) 이어 논리적인 객담(客談)이 나오는데, 그 목적은 동일한 주제 속에서 욕구적인 힘과 이성적인 힘이 통일되지 않도록 미리 차단하는 것이다. 객담의 결론은 가령, 목마름에 관한 진리는 마실 것에 대한 진리와 상관관계에 있다. 그런데 마실 것에 대해 차가운 것이라든가 따뜻한 것이라든가 건강에 좋은 것이라든가 입맛에 맞는 것이라야 한다는 단서가 붙으면 목마름도 특정한 것이 될 수밖에 없다.(438a-e) 따라서 목마름 자체는 특정한 것이 아닌 마실 것 자체에 대한 욕구다.(439b)

욕망의 동인이 입에 맞는 마실 것이나 건강에 좋은 마실 것 등을 특정하지 않고 마실 것 자체이기 때문에 이 주제가 욕구적인 힘과 이성적인 힘의 통일이라고 주장할 여지는 없다. 목마름에 대응하는 주제는 아무런 이성적 구별도 없는 순전한 동물적 충동이란 특징이 있다. 한편, 마실 것에 대한 욕망이 이론상 입맛에 맞거나 건강에 좋은 마실 것에 대한 욕망과 구분될 수 없다면, 순수한 욕구란 없을 것이고, 따라서 순전히 욕구적인 대상도 없다.

마실 것에 대한 욕망은 같은 동인에서 비롯되는 전체

부류의 욕망들을 대표한다. 여타 욕구적인 욕망들에는 배고픔과 성욕도 포함된다. 특정되지 않은 먹을 것, 마실 것에 대한 욕구와 성적 갈망이 욕구적인 부분이다. 플라톤은 똑같은 동인이 다양하면서도 분명히 상관관계를 지닌 욕망들에서 근거한다는 것을 입증할 필요는 없다고 생각한다. 욕망의 동인들을 밝힐 이유는 없고, 다만 그것들이 서로 다르다는 것을 밝힐 이유만 있으면 된다는 것이다.

플라톤은 이제 영혼의 이성적인 부분을 떼어내려고 한다. 욕구적인 욕망을 반대쪽으로 끌어당기는 욕망이 있다면, 또 다른 별개의 동인이 존재한다는 것. 목마른 사람이 때때로 마시려고 하지 않는 경우도 있다.(439c) 따라서 그의 영혼 속에는 마시려고 욕망하는 동인과 마시지 않으려고 욕망하는 동인이 따로 존재한다. 목이 마른데도 마시지 못하게 하는 것은 영혼 속의 어떤 부분이 막는 것이 분명하다. 영혼의 욕구적인 부분에 반해 이처럼 마시지 못하도록 헤아리는 부분이 이성적인 부분이다.(439d)

플라톤은 아직 이성이 언제나 욕구와 반대된다는 주장의 근거를 제시하지 못했다. 기개가 욕구와 상반되는 상황은 쉽게 떠올릴 수 있다. 플라톤은 이성만이 욕구에 반대된다고 강하게 주장할 필요가 없는 대신, 이를테면 술이 건강에 좋지 않기 때문에 마시지 말라는 경고처럼 사실상 이성에서 비롯되는 욕구적인 욕망에 반대되는 예를 제시할 수는 있다. 그렇게 되면, 욕구와는 다른 동인이 존재하며 이 동인의 욕망들은 이성적인 사유에서 비롯된다는 결론을 내릴 수 있다. 욕구적인 욕망과 반대되는 모든 욕망이 이성에서 비롯된다는 주장을 추가하는 것은 불필요하고 오류이며, 기개가 욕구와 반대된다는 것을 보여주는 이 논증의 다음 단계와도 모순된다.

두 욕구가 상반되는 상황을 상상할 수 있다면 문제는 더욱 커진다. 그러나 플라톤은 이성이 우리에게 두 개의 상충하는 욕구적인 욕망들은 상호 배타적이라고 말해 주어 그것들을 상반되는 욕망으로 보게 만들어버린다고 대응할 것이다.

플라톤은 지금까지 영혼에는 두 가지 상이한 부분들—욕구적인 부분과 이성적인 부분—이 있다는 것을 밝혔기 때문에 기개적인 부분만 확실하게 입증하면 영혼과 도시 사이에 구조적으로 유사한 관계가 있다는 주장을 마무리할 수 있다. 역정과 분노는 욕망들이고, 그 동인은 하나다. 그는 그 동인을 영혼의 기개적인 부분으로 간주하고, 이어 그 세 번째 동인이 이미 입증된 두 동인 가운데 어떤 것으로도 환원되지 않는다는 점을 증명하고자 한다.

그는 먼저 기개가 욕구가 아니라는 것을 보여준다. 사람은 자신의 욕구들에 대해서도 화를 낼 수 있다.(440ª) 그 세 번째 동인은 욕구적인 부분과 같지 않다. 다른 잠재적인 동일화—이성과 욕구, 기개와 욕구—와 대조적으로 플라톤이 생각하는 기개와 이성 사이의 유일한 동일화는 기개를 이성의 시종 위치에 두어 이성이 지시하는 욕망들을 수행하게 만드는 것이다. 따라서 개별화의 정규적인 규준을 이용하여 기개와 이성을 구분하지 않는 대신, 기개는 때때로 이성이 없을 경우에도 행동하기 때문에 이성의 시종이 될수 없다는 것을 보여주려고 한다. 영혼의 이성적인 부분이 없는 아이들과 짐승들도 세 번째 동인에 의해 유발되는 욕망들을 가질 수 있다.(441b) 따라서 세 번째 동인은 영혼의 이성적인 부분이 아니다. 결론인즉슨, 영혼에는 별개의 부분들—욕구, 기개, 이성—이 존재한다.

어떤 식으로 이들 세 부분이 존재하며, 어떤 식으로 이 부분들이 하나의 통합된 전체를 구성하는가? 제9권에서 나타나는 영혼의 세 부분에 대한 묘사뿐만 아니라 제4권의 세 갈래 영혼에 관한 논증도 실행에 옮겨진 욕망들을 통해 영혼과 그것의 세 부분이 같다는 것에 주로 근거한다. 욕망들은 능동적인 원리들이며, 수동적인 몸을 움직이게 만드는 힘이다. 그렇다면 영혼은 적어도 여기서는 인간적 활동의 터전이 되는 형이상학적 실체로 간주할 수 있으며, 한 인간이 지닌 능동적인 부분들의 집합이다.

플라톤에 의하면, 한 개인에게는 세 가지 주된 '심리적인' 힘들—물리적 실체들과 돈을 목표로 삼는 힘, 명예나 승리와 같이 비물질적이지만 세속적인 실체들을 목표로 삼는 힘, 감각으로 알 수 없는 형상들의 영역을 목표로 삼는 힘—이 있고, 각각 욕구, 기개, 이성에 대응하는 욕망들을 통해 표현된다. 이들 세 힘은 개인 속에서 능동적 원리들의 집합적 집단을 구성한다는 의미에서 하나의 실체—영혼—를 이루지만, 각기 다른 방식으로 작용하고 전혀 다른 대상을 목표로 삼는 별개의 능동적 원리들이다.

영혼이 인간적인 힘들의 터전이기 때문에 플라톤이 영혼 속의 상반되는 욕망들을 증명함으로써 영혼의 부분들을 개별화해야겠다고 생각했던 이유는 분명하다. 영혼 속에 독립적으로 작용하는 능동적인 힘들이 존재한다는 것을 증명하는 최상의 방법은 이 힘들이 서로 상반되게 작용하는 힘들임을 입증하는 것이다. 동일한 능동적 힘이 두 개의 상반된 힘들을 작용하게 할 수 없다는 것은 분명하다. 상반된 욕망들을 드러낸다는 것은 활동의 집단적 터전 속에 있는 별개의 능동적 힘들을 드러내는 것이다.

플라톤은 이 같은 개별화 원리를 이용하여 영혼 속에는 세 가지 능동적인 힘이 있다는 것을 증명하려고 한다. 사실상 영혼은 세 가지보다는 넷이나 다섯 가지 힘으로 이루어질 수도 있는데, 플라톤은 무슨 근거로 세 가지에 국한했을까?

영혼에 관한 세 부분의 분석은 적어도 세 가지 실질적

인 주장을 전개하는 것이다. 첫째, 욕망에는 신체에 작용하는 힘들을 지닌 심리적 동인들이 있다. 둘째, 개인이 지닌 수많은 욕망은 세 가지 범주로 요약될 수 있으며, 인간의 행동을 통제하는 세 가지 심리적 동인들과 대응한다. 셋째, 인간의 심리—'영혼의 구조'—에 관한 근본적인 묘사는 윤리적인 의미들을 함축하고 있으며, 정의를 이해하는 데 필요하다.

첫째와 셋째 주장은 근대 사상가들에게는 그다지 통용되지 않지만, 개인의 심령 또는 영혼에 관한 세 부분의 분할은 근대에 들어서도 내면의 심리적 갈등들을 설명하는 하나의 타당한 가설로 남아 있다. 즉 인간의 심리를 세 부분—이드(id), 에고(ego), 슈퍼에고(superego)—으로 나누는 지그문트 프로이트*의 견해 같은 수정된 형식으로 계속 존재하고 있는 것.

---

* **지그문트 프로이트**(Sigmund Freud, 1856-1939): 오스트리아 심리학자이자 정신분석학의 창시자. 심리학과 정신의학뿐만 아니라 사회학·사회심리학·범죄학 등에도 커다란 영향을 주었다. 주요 저서는 〈꿈의 해석〉 등.

제5권

449a - 472a

:요점정리

정의로운 도시와 정의로운 영혼에 대해 밝힌 소크라테스는 도시와 영혼의 구조 가운데 모두 그 정도는 다르지만 나쁘고 잘못된 나머지 네 가지 구성요소를 밝히려고 한다. 그러나 이 계획을 실행에 옮기려는 순간, 폴레마르코스와 아데이만토스가 끼어들어 말을 끊는다. 소크라테스가 아무런 해명도 없이 막연히 정의로운 영혼을 지닌 사람들은 처자식을 공유해야 한다고 진술했는데, 그 공유 방식에 대해 설명해 달라는 것. 소크라테스는 수호자들의 생활양식에 관해 장황한 논의를 시작한다.

여기서는 몇 가지 급진적인 주장들이 제시된다. 첫째, 여자들도 남자들과 같이 양육되고 교육을 받아 똑같은 정치적 역할들을 할 수 있어야 한다. 여자와 남자는 성향은 많이 다르지만, 양쪽 성(性)에는 여러 가지 비슷한 성향도 있기 때문에 여자도 성향에 따라 모든 일에 관여하게 된다.

따라서 여자들 중에도 욕구적인 사람들, 기개적인 사람들, 이성적인 사람들이 있으며, 이상적인 도시는 여자들을 남자들과 똑같이 그것에 따라 대하고 이용할 것이다.

둘째, 모든 수호자들은 처자식을 공유해야 하고, 개인적인 동거는 금한다. 그들은 정해진 축제 기간에만 여자들과 잠자리를 갖고 도시를 위해 자식을 낳는다. 남성과 여성은 대개 성교가 가능한 축제 기간에 신랑과 신부가 될 것이다. 혼인에 대해 통치자들을 탓하지 않도록 하기 위해 짝은 추첨에 의해 정해진다. 이들 가운데 일부, 즉 빼어난 사람들에게서는 최대한의 아이들을 얻기 위해 한 번의 축제에 너더댓 명까지 배우자를 허용한다. 이러한 짝짓기 축제를 통해 태어난 아이들은 부모와 떨어져 공동 양육되어 누가 누구의 자식인지 알 수 없게 된다. 축제 이외의 어떤 시기에도 성관계는 허용되지 않는다. 출산 적령기(남: 25-55세, 여: 20-40세)를 벗어난 수호자들은 원하는 상대와 자유롭게 성관계를 가질 수 있지만 임신하지 않도록 노력해야 하며, 만약 아이가 태어나면 죽여야 한다는 것이 양해된 사실이다.

예기치 않게 근친상간이 만연하는 상황을 방지하기 위해 수호자들은 그들이 관계를 가진 시간으로부터 일곱 달에서 열 달 사이에 태어난 아이는 모두 자기 자식으로 간주해야 한다. 이 아이들도 같은 집단의 어른들을 부모로 생각하고, 서로를 형제자매로 생각해야 한다. 이 집단들 사이의 성관계는 금지된다.

　이러한 번식의 법칙들이 통합된 도시를 확립하는 유일한 방법이다. 대부분의 도시에서는 시민들의 충성이 분열된다. 그들은 전체의 이익을 고려하지 않는 것은 아니지만, 자기 가족에 대해 훨씬 더 많은 정성을 기울이기 때문이다. 정의로운 도시에서는 누구나 한 가족으로 여겨지고 가족 대우를 받으며, 분열된 충성은 있을 수 없다. 최대 다수가 동일한 것들에 대해 '내 것' 또는 '내 것이 아닌 것'이란 말을 하지 않는 이 도시는 가장 훌륭하게 경영되는 것이고, 그 목표와 관심사를 모두가 공유하기 때문에 단결하여 하나가 될 수 있다.

　마지막 질문은 수호자들에게 가족적 유대, 재산, 낭만적인 여흥도 없이 이러한 생활방식을 고수하라고 요구하는 것이 정당한가, 하는 점이다. 이 질문에 답하기에 앞서 소크라테스는 수호자들의 생활양식에 얽힌 몇 가지 다른 문제들도 다루는데, 모두 전쟁과 관련된 것이다. 수호에 공동 관여하는 여자들도 그 성향에 어긋나지 않게 함께 참전한다. 그리고 수호자들이 되게끔 훈련받는 건장한 아이들은 젊은 수습공들이 그러하듯이 전장에 나가 관찰하고 전쟁술을 배우게 해야 하며, 패전할 경우에 도망갈 수 있도록 안전 대책의 일환으로 어릴 때부터 승마를 가르치고 유순한 말에 태워 데려가는 것이 좋다. 전쟁터에서 비겁하게 행동한 자는 장인이나 농부로 강등되고, 훌륭한 사람에게는 더 많은 혼인 기회와 명예가 주어진다. 그는 패배한 적군들을 대하는 알맞은 방식을 논의하면서 끝을 맺는다. 그리스인 적들에 대해서는 패배자들을 노예로 만들거나 그들의 가옥과 땅은 영원히 복구할 수 없도록 파괴해서는 안 된다. 모든 그리스인들은 형제이며 결국 그들 사이에는 다시 평화가 올 것이기 때문이다.(내전) 야만인, 즉 다른 민족인 적들에 대해서는 무슨 짓이든 해도 된다.(전쟁)

·풀어보기

플라톤은 제5권에서 여자들에게도 평등한 교육을 실시해야 한다고 주장하지만, 그가 근대적인 의미에서 남녀평등을 믿었다고는 생각되지 않는다. 여기서는 여자들이 지능을 포함한 모든 면에서 남자들보다 열등하다고 말하지만, 모든 여자가 모든 남자보다 열등하다고 생각하지는 않았을 것이다. 만약 그렇게 생각했다면 여자들을 세 계급으로 나누는 것이 이치에 닿지 않기 때문이다. 예를 들면, 수호자 계급의 여자들은 다른 두 계급의 남자들보다 월등하겠지만, 자기가 속한 계급의 대다수 남자들보다는 열등하다고 생각할 수 있다.

가족생활이라는 좀더 큰 주제에 관해 공동의 가족들이

왜 수호자 계급에만 해당되는지 의문이 생길 수 있다. 만약 이런 장치가 애국심에 대한 보증, 즉 충성심의 분열을 막기 위한 사전 조처로 제시되었다면, 그 규칙이 사회의 전체 구성원 가운데 유독 수호자 계급에만 국한되어야 할 이유라도 있는가? 이 문제와 관련하여 맨 먼저 지적할 사항은 가족생활에 대한 제약들은 수호자 계급과 조력자 계급 모두에 적용되는 것으로 간주해야 한다는 점이다. 이들 두 계급은 사춘기까지 함께 양육되고 교육받다가 그 집단에서 뛰어난 인물들을 통치자들로 선택하기 때문에 생활양식도 똑같을 가능성이 크다. 종종 '수호자'라는 단어를 엄격하게 구별하지 않는 플라톤은 이 용어를 때로는 통치자들, 때로는 통치자들과 전사들 모두에게 적용한다. 사유 재산에 대한 제약 역시 조력자들에게도 적용될 것 같다.

이 요구사항에서 배제된 유일한 계급은 생산자들이다. 도시의 정치적인 생활과는 거의 관계가 없고, 즉 도시에 관한 어떤 결정들을 내리거나 도시를 위해 싸워야 할 필요가 없기 때문에 그들의 애국심은 중요하지 않다. 용감한 농부가 전체로서의 도시를 위해서는 아무런 도움이 되지 않듯이 용감한 장인이나 의사도 도시의 이익의 관점에서는 아무런 관계가 없다. 생산자들에게 주어진 유일한 정치적인 임무는 복종뿐이다.

472ᵇ - 480ᵃ

아름다운 사물들은 믿으면서도 아름다움 자체는 믿지 않는 사람에 대해서는 어떻게 생각하는가?(476ᶜ. 인용문 해설 2 참고)

소크라테스는 이미 시간을 끌 만큼 끌어서 이제 수호자들이 이렇게 이상한 방식으로 살아야 하는 이유를 제시하지 않을 수 없게 되었다. 이 문제에 대한 그의 대응은 지금 이 부분에서는 대단히 급진적인 주장이다. 통치자들이 철학자여야만 자신이 말하는 체계가 가능하다는 것인데, 그 점을 증명하기 위해 〈국가〉의 나머지 부분에서는 철인군주 개념을 소개한다.

이 같은 충격적인 주장을 뒷받침하려면 소크라테스는 소위 '철인군주'가 도대체 무슨 뜻인지를 설명해야 한다. 그가 말하는 '철인군주'는 분명히 지금 우리가 '철학자들'이라고 부르는 부류의 사람들을 지칭하지는 않을 것이다. 그들은 통치에 적합해 보이지 않기 때문이다. 참된 철학자를 소개하는 첫 단계는 이들을 소크라테스가 '모습들과 소리들의 애인들'이라고 부르는 사이비 지식인들과 구별하는 것이다. 모습들과 소리들의 애인들은 탐미주의자들, 어설픈 지식인들, 특정한 주제의 아름다움에 대한 전문가임을 자처하는 사람들이다.

그들과 철학자를 구별하기 위해 플라톤은 맨 먼저 이른바 형상이론을 제시한다. 플라톤은 독자가 이 이론을 잘 알 것이라고 생각해서인지 소크라테스를 통해 형상들이 무엇인지 설명하지 않는다. 우리는 다른 대화편들을 통해 형상들이 선함, 아름다움, 평등 같은 영원불변하며 보편적인 절대적 관념들이라는 것을 알 수 있다. 형상들은 눈에 보이지는 않고 오로지 마음을 통해 파악될 수밖에 없지만, 우리가 주변에서 감각으로 파악하는 사물들을 바로 그 모습으로 존재하게 만든다. 가령, 우리의 눈에 붉게 보이는 것은 모두가 붉음의 형상에 참여하기 때문에 붉은 것이고, 정사각형으로 보이는 것은 모두가 정사각형의 형상에 참여하기 때문에 정사각형인 것이며, 아름답게 보이는 것은 모두가 아름다움의 형상에 참여하기 때문에 아름다운 것이다.

철학자들은 이러한 형상들을 이해한다는 점에서 모습들과 소리들의 애인들과 구별된다. 모습들과 소리들의 애인들은 아름다운 사물들에 관해 모두 알고 있다고 주장하지만 아름다움의 형상에 관한 지식을 갖고 있다고 주장할 수는 없으며, 그것이 있다는 사실을 깨닫지도 못한다. 또한 형상들이 아닌 감각할 수 있는 개별자들, 즉 우리가 주변에서 감각할 수 있는 개별 사물들만 다루기 때문에 의견은 가질 수 있되 지식은 결코 보유할 수 없다. 오직 철학자들만 지식을 보유할 수 있고, 그 지식의 대상들이 형상들이다.

소크라테스는 철학자들만 지식을 가질 수 있다는 두 번째 주장을 뒷받침하기 위해 형이상학적이고 인식론적인 그림을 그린다. 존재를 완벽하게 존재하는 것, 결코 존재하지 않는 것, 그리고 존재하면서 또 존재하지 않기도 하는 것의 세 부류로 나누는 것. 완벽하게 존재하는 것은 완벽하게 알 수 있는 것이고, 결코 존재하지 않는 것은 결코 알 수 없는 대상이며, 존재하면서 존재하지 않기도 하는 것은 의견 또는 믿음의 대상이다. 완벽하게 존재하는 것들만 형상들이다. 아름다움의 형상만이 완벽하게 아름답고, 달콤함의 형상만이 완벽하게 달콤하다. 감각할 수 있는 개별자들은 존재하면서 또 존재하지 않는 것이다. 아무리 달콤한 사과라도 어느 정도는 신맛이나 달지 않은 맛이 섞여 있을 수밖에 없다. 절세미인도 특정한 기준들에 비춰 판단할 때는 수수하거나 아름답지 않다. 따라서 우리는 형상들에 대해서만 알 수 있을 뿐이고, 감각할 수 있는 개별자들에 대해서는 알 수 없다. 그래서 철학자들만 지식을 보유할 수 있다. 그들만이 형상에 접근할 수 있기 때문이다.

이 부분에서 플라톤은 철학자만이 지식을 보유할 수 있다는 아주 중요한 주장을 전개한다. 사실 〈국가〉를 앨런 블룸이 암시하듯 철학 활동을 옹호하는 글로 해석하면, 이 주장은 이 저술에서 가장 중요한 부분이자 철학이 사회에 대한 위협이 아니라 도시의 삶에 대단히 중대한 이유를 설명해 준다.

이 주장을 뒷받침하는 논증은 대략 다음과 같이 전개된다. '완벽하게 존재하는 것'만이 완벽하게 알 수 있다. 형상들만이 '완벽하게 존재하는 것'으로 여겨진다. 철학자들만 형상들에 접근할 수 있다. 따라서 철학자들만 지식을 보유할 수 있다.

형상들만 '완벽하게 존재하는 것'이라는 주장은 급진적이고 논란의 여지가 있는 관념이다. 미녀는 완벽하게 아름다울 수 있는가? 그녀도 어떤 기준에서 보면 아름답고, 다른 기준에서 보면 아름답지 않은 것이 사실이다. 가령, 여신에 비하면 평범해 보일 것이기 때문에 완벽하게 아름답다고 할 수는 없을 것이다. 완벽하게 어떤 것이 될 수 있는 개별자는 없다. 어떤 기준이나 다른 방식으로 판단하면 부족한 부분이 있을 것이고, 시간이 흐르면서 그 성질을 잃어버릴 것이 확실하기 때문이다. 영원히 달콤한 것은 없으며,

달콤한 과일도 결국은 시들고, 썩고, 마른다. 어떤 대상도 영원히 아름다울 수 없고, 결국에는 서서히 아름다움이 줄어들거나 늙거나 소멸한다. 반면, 아름다움의 형상은 영원히 변치 않고 존속하는 오로지 순수한 아름다움이다. 플라톤의 개념에 따르면, 모든 형상들은 완벽하게, 영원히, 변함없이 그들의 고유한 성질들을 소유한다.

플라톤이 형상들을 통해 나타내고자 한 것이 무엇인지를 이해한다고 하더라도, 완벽하게 알 수 있는 것은 오로지 '완벽하게 존재하는 것'뿐이란 관념은 받아들이기 어렵다. 아름다운 여인을 염두에 두고, 그녀가 아름다우면서 동시에 아름답지 않고 그녀의 아름다움은 필연적으로 시들 수밖에 없다는 것을 기억하자. 따라서 그녀가 완벽하거나 영원히 아름답지 않을 때 우리는 어떻게 그녀가 아름답다는 것을 알 수 있는가? 그녀를 아름답다고 생각하는 것이 부분적으로 거짓이라면 그것은 지식이라고 할 수 없다. 그러나 왜 우리는 그녀가 어떤 면에서는 아름답고 어떤 면에서는 아름답지 않은지를 정확히 알고 있다고, 전체 그림을 알고 있다고 말할 수 없는가? 그 이유는 그 아름다운 여인이 감각할 수 있는 모든 개별자들처럼 변화하는 실체이기 때문이다. 그녀 자신이 변화하는 실체이기 때문에 우리가 그녀에 대해 파악하는 내용도 틀린 것이 아니라면 변할 수밖에 없다. 플라톤은 단호하게 지식은 변하지 않는다고 말한다. 플라톤에게 지식은 영원하고 불변하고 절대적인 진리들, 즉 그가 과학적이라고 여기는 종류들에 있다. 이것은 아리스토텔레스와 이후의 많은 사상가들에게도 마찬가지다. 지식은 영원불변하고 절대적인 진리들에만 국한되기 때문에 감각할 수 있는 세계의 끊임없이 생멸변전(生滅變轉)하는 세부적인 것들에는 적용될 수 없고, 완벽하게 존재하는 것, 즉 안정적이고 영원히 변치 않는 것에게만 적용될 수 있다.

플라톤이 지식은 안정적이고 영원불변하는 진리들에 적용되어야 한다는 주장에서 지식은 형상들에만 적용된다는 주장으로 비약하는 실수를 범하고 있다고 목청을 높이는 사람이 있을 수도 있다. 그의 제자 아리스토텔레스도 지식이 영원하고 절대적인 진리들에만 국한된다고 믿었으나 유(類)나 속(種屬)들에 국한시켜 우리가 주변에서 관찰하는 세계에 적용시킬 방도를 찾아냈다. 그에 따르면, 우리는 인간에 관한 지식은 보유할 수 있지만, 어떤 개별적인 인간에 관한 지식은 보유할 수 없다. 유(類)들을 구성하는 개별적 실체들은 변하고 영원하지 않더라도 유들은 안정적이고 영원하다는 사실을 깨달았던 것.

이 부분에서는 초기 철학자들의 메아리가 선명하게 들린다. 플라톤은 존재 전체를 세 부류(완벽하게 존재하는 것, 결코 존재하지 않는 것, 존재하면서 또 존재하지 않기도 하는 것)로 나누면서 소크라테스 이전의 이론들에 의존하고,

이 요소들을 하나의 일관된 세계관으로 종합한다. 양 극단, 즉 완벽하게 존재하는 것과 결코 존재하지 않는 것에서 파르메니데스*의 메아리가 울린다. '존재하는 것'과 '존재하지 않는 것'을 깊이 파고든 파르메니데스는 존재하는 모든 것—'존재하는 것'—은 하나의 단일하고 불변하고 영원한 사물—(가령, 파르메니데스에게 '존재하는 것'은 하나의 단독 실체인 반면, 플라톤은 다양한 형상들을 허용한다는 점에서 형상들과는 다르긴 하지만) 많은 점에서 형상들과 닮은 하나의 실체—이며, 그 이외의 모든 것은 결코 존재하지 않는다고 주장했다. 따라서 플라톤의 양 극단에 대해서는 공감했겠지만, 중간 영역—존재하면서 또 존재하지 않기도 하는 것—의 존재에 대해서는 단호하게 반대했을 것이다. 이 영역이 '존재하는 것'과 '존재하지 않기도 하는 것'의 성질을 띠게 됨으로써 심각하게 논리학에 위배되리라는 것.

이 영역은 헤라클레이토스**와도 강한 연관성이 있다. 그의 주요 학설들 가운데 하나는 상반되는 것들의 통일 이론, 즉 아름다운 것은 모두 추악하기도 하며, 올라가는 것은 또한 내려가는 것이라는 관념이다. 온 세상이 상반되는 것들

---

* **파르메니데스**(Parmenides, 515?-445 B.C.?): 그리스 철학자, 시인. 엘레아의 제노와 사모스의 멜리수스와 함께 엘레아학파의 창시자로 여겨짐. 이성만이 진리이며, 다수(多數)·생성·소멸·변화 등을 믿게 하는 감각은 오류의 근원이라고 주장했다.

** **헤라클레이토스**(Herakleitos, 540?-480 B.C.?): 그리스 철학자. 우주에는 상반되는 것의 다툼이 있고, 그 다툼에서 만물이 생겨난다고 주장했다. 만물의 근원을 불로 보았다.

의 통일로 이루어져 있으며 자연을 이해하는 열쇠는 이 상
반들의 통일 방식에 대한 이해라고 믿었던 것.

플라톤이 아카데미아 설립 전에 파르메니데스와 헤라
클레이토스의 문하에서 수학했다는 사실을 감안하면, 그가
이들에게 의존하는 것이 그리 놀라운 일은 아니다.

제6권

484ᵃ - 502ᶜ

: 요점정리

이런 식의 생각이 팽배한 배의 선원들은 참된 선장을 실제로 별이나 쳐다보는 사람, 떠버리, 아무런 쓸모도 없는 작자 등으로 부를 것이라고 생각하지 않는가?(488ᵈ⁻ᵉ. 인용문 해설 3 참고)

철학자들만 지식을 보유할 수 있다는 점을 감안하면, 분명히 도시에 유익한 것이 무엇인지를 가장 잘 이해할 수 있는 것은 철학자들이며, 도시를 운영하고 다스리는 방법을 알 수 있는 최상의 위치에 있는 것도 철학자들이다. 소크라테스의 친구들이 이구동성으로 동의하듯 철학자들이 덕스럽다는 것—또는 적어도 덕에서는 남들보다 못하지 않다는 것—만 알고 있다면, 우리는 그들이 통치에 가장 적합한 사람들이라고 확신할 수 있을 것이다. 그런데 다행스럽게도 우리는 철학자들이 덕에서는 누구보다도 우월하다는 것을 알고 있다. 철학자는 다른 무엇보다도 진리를 사랑하고('철학자'는 진리 또는 지혜를 사랑하는 사람의 뜻), 그의 영혼 전체는 진리를 간절히 추구한다. 이것은 철학자의 영혼을 이성적인 부분이 지배한다는 의미인데, 결국은 그의 영혼이 정의롭다는 뜻이다.

아데이만토스는 여전히 납득하지 못한다. 그가 알았던 철학자들 가운데 소크라테스가 묘사하는 모습과 닮은 사람이 없었던 것. 대부분의 철학자들은 쓸모가 없고, 쓸모없는 철학자들은 사악한 경향이 있다. 놀랍게도 소크라테스는 당대의 철학자에 대한 아데이만토스의 비난에 동의하면서, 그들은 올바른 방식으로 양육되지 않았다고 주장한다. 용감하고, 품성이 고매하고, 빨리 배우고, 기억력이 뛰어난 철학적 본성을 갖고 태어난 사람들은 금세 그들의 천부적 재능을 이용해 이득을 보고 싶어하는 가족과 친구들의 먹잇감이 된다. 그들에게 빌붙어 사는 가족과 친구들에 의해 정치에 참여하여 돈과 권력을 차지하라는 부추김을 받기 때문에 어쩔 수 없이 철학적인 삶에서 벗어난다. 철학에서 멀어져 다른 길로 빠진 타고난 철학자들의 자리를 올바른 철학적 본성이 결여된 타락한 다른 사람들이 냉큼 차지하여 그럴 권리가 없는데도 철학자들로 행세하게 된다. 이런 사이비 철학자들은 사악할 수밖에 없다.

극소수의 좋은 철학자들(추방되어 작은 도시에서 살든, 건강이 나빠서든, 아니면 다른 이유 때문이든 어쨌거나 그 본성이 타락하지 않은 사람들)이 쓸모가 없다고 여겨지는 까닭은 사회가 올바른 이상들과 정반대가 되었기 때문이다. 이 상황을 잘 듣지 못하고 눈이 나쁜데다가 항해 기술도 없는 선주의 배와 비교해 보자. 그 배의 선원들은 모두 항해와 관련된 것은 전혀 모르면서도 서로 선장이 되려고 다투면서 어떤 기술 대신, 야만적인 힘과 교묘한 술수를 이용하여 선주가 자기를 선장으로 뽑게 만들려고 한다. 그리고 만약 자기 이외에 선주를 설득하는 사람이 생기면 죽이고 선주를 제압한 다음 자기가 배를 장악하기도 한다. 여하튼 어떤 식으로든 선주를 움직여 배를 지휘하게 된 사람은 '항해가'니 '선장'이니 '배를 잘 아는 사람'으로 부르며 찬양하지만, 다른 사람은 모두 '쓸모없다'며 비난받는다. 이런 선원들은 항해술이 있다거나 배를 지휘하기 위해서는 숙달해야 할 지식이 있다는 생각은 하지도 못한다. 그렇게 되면 정작 참된 선장, 즉 항해술에 능한 사람은 쓸모없는 천체관측자라고 불릴 것이다. 당시의 아테네 상황이 이와 흡사하다. 알아야 할 참된 지식, 즉 삶의 기술이 존재한다는 관념은 찾아볼 수 없다. 대신 누구나 영악하고, 흔히 정의롭지 못한 술책들을 통해 출세하려고 한다. 이 같은 상황에서는 형상들에 눈을 돌리고 진정으로 사물들을 인식하는 소수의 훌륭한 철학자들은 쓸모없다고 여겨질 수밖에 없다.

결론인즉슨, 우리의 도시를 가능케 하기 위해서는 철

인군주—올바르게 교육을 받고 형상들을 이해하는 올바른 본성을 지닌 한 사람—가 필요하며, 이런 일이 전혀 불가능 하지는 않다는 것.

· 풀어보기

철학자를 계속 옹호하는 이 부분에서 플라톤은 철학자 가 유일하게 지식을 보유한 사람이면서 가장 덕스러운 사 람이라고 주장하고, 철학자가 형상들을 인식한다는 것이 그 의 덕을 결정한다는 것을 보여준다. 이로정연(理路整然)하 고 신성한 것(형상들)을 인식함으로써 철학자 자신의 영혼 은 질서가 잡히고 거룩해진다. 철학자는 선의 형상을 모방 하여 자신의 영혼을 형성한다.

플라톤은 철학자가 덕스러운 이유에 대해 좀더 직관적 인 설명도 제시한다. 철학자는 몸과 마음을 다해 진리를 추 구하기 때문에 그 만큼 다른 욕망들은 약해질 수밖에 없고, 돈, 명예, 쾌락 등에 열의를 보이지 않는다. 요컨대, 부도덕 한 행동으로 이어질 수 있는 욕구들이 전혀 없기 때문에 도 둑질, 거짓말, 교만, 비굴한 행동 등을 하려고 들지 않을 것 이다. 그의 감정과 욕구들은 더 이상 악덕을 향한 강력한 충동을 야기하지 않는다.

이 묘사는 마치 철학자의 영혼이 세 부분의 조화보다

는 한 부분의 독점 상태에 있다는 것처럼 들린다. 영혼은 이성에 의해 지배될 뿐 욕구와 기개는 찾아볼 수가 없는 것. 그러나 플라톤은 다른 곳에서 정의로운 사람에게서도 세 가지 욕망들이 건전한 형식으로 조화를 이루고 있다고 말한다. 정의로운 사람이 진리를 가장 사랑하기는 해도 진리에 대한 욕구보다 정도는 약하지만 쾌락과 명예에 대한 욕구들도 있다는 것. 이처럼 모순되는 듯한 두 가지 입장을 어떻게 조화시켜야 할지는 분명히 제시되지 않고 있다. 아마 플라톤이 철학자에게는 오직 진리를 향한 욕구만 있는 듯이 말할 때 지나치게 강력한 언어를 사용한다고 가정할 수는 있을 것이다. 그러나 철학자가 어느 정도 명예와 돈과 쾌락에 대한 사랑을 보유하고 있다면, 어떻게 그가 사악하게 행동하지 않으리라고 보장할 수 있을까? 철학자가 때로는 사악한 행위들로 이어질 수 있는 욕구를 느낀다고 해도, 이성이 영혼의 다른 부분들을 지배하기 때문에 행동에 옮기지는 않는다고 생각하는 것이 하나의 대답이 될 수 있다.

그렇더라도 철학자의 덕에 관해 한 가지 의문이 남는다. 앨런 블룸의 지적처럼 그 말은 마치 철학자가 아주 이상한 방식으로 덕스럽다는 듯이 들린다. 철학자는 우리가 전형적으로 덕스러운 사람의 특징이라고 생각하는 동기보다는 주로 이데아들에 전념하기 때문에 덕스럽게 행동한다는 것. 블룸에 의하면, 철학자가 용감한 것은 끊임없이 영원한 형상들에 전념하고 그 결과 삶을 망각하기 때문이며, 용감하지 않은 것은 두려운 것과 두렵지 않은 것에 관한 도시의 규칙들에 복종하기 때문이고, 절제하는 것은 자신의 욕망들을 억눌러서가 아니라 진리를 외곬으로 사랑하기 때문이며, 금전 문제가 공정한 것은 그가 원하는 것을 얻게 해주는 일에서 돈이 큰 역할을 하지 못해 거의 관심을 갖지 않기 때문이다. 그가 각 개인에게 당연히 주어져야 할 것을 주는 것에 대해 깊이 관심을 갖기 때문에 금전 문제에서 공정하다는 암시는 전혀 없다.

블룸은 이 관찰을 출발점으로 덕을 시민적 덕과 지적인 덕으로 나누고, 철학자에게는 지적인 덕만 있다고 주장한다. 시민적 덕들은 도시가 필요로 하는 것들에서 생겨나며 도시와 그 주민들을 보전하는 목표를 돕는 특징이고, 지적인 덕들은 철학이 필요로 하는 것들에서 비롯되며 지식 획득을 돕는 특징이다. 플라톤은 실수로(또는 어쩌면 의도적으로) 이것들을 동일시하며, 따라서 철학자는 두 번째 의미에서 참으로 덕스러울 때 비로소 첫 번째 의미에서도 덕스럽다고 주장할 수 있게 된다는 것이 블룸의 생각이다.

플라톤이 실제로 이런 실수를 했다면, 이 실수가 얼마나 중대한 것인지에 대한 의문이 생길 수 있다. 철학자가 첫 번째 의미가 아니라 두 번째 의미에서만 덕스러우면 통치에 부적합한 사람이 될까? 그 말은 마치 그렇다는 뜻으로 들린다. 결국 철학자에게 시민적인 덕들이 없다면, 그에게는 도시의 선을 위해 행동하도록 도와주는 덕들이 없는 셈이 된다. 통치자에게 정말 필요한 덕들은 무엇일까? 그가 덕스럽게 행동하는 한, 우리는 그의 동기에 관해 무엇을 고려해야 할까? 그가 도시에 대한 사랑보다는 지혜에 대한 사랑에 의해 행동할 뿐이라면, 그것은 어떤 방식으로든 도시에 해를 끼칠까? 그러나 철학자를 이상적인 통치자가 되게 하는 것은 그의 덕들이 아니라 그의 지식이다. 그의 도덕적 성품이 도시의 선에 명확한 위협이 되지 않는다면, 우리는 그의 덕들의 근원에 대해 왈가왈부해서는 안 된다.

502ᵈ - 511ᶜ

이제 소크라테스는 정의로운 도시를 건설하기 위한 첫 단계, 즉 철인군주의 임명에 관해 다룬다.

제3권에서는 수호자 훈련을 받는 젊은이들 가운데서 통치자들을 선별하기 위해 많은 시험을 겪게 해야 한다고 했다. 그 시험들의 취지는 도시에 가장 충성스러운 사람을 찾고, 가장 중요한 과목을 감당할 수 있는 사람을 결정하는 것이다. 철인군주에게 가장 중요한 과목은 선의 형상에 대한 공부다. 사실상 선의 형상을 이해해야 가장 높은 수준의 지식을 얻어 철인군주에 적합한 사람이 된다.

선의 형상은 통상 선하다고 여겨지는 것이 아니다. 최고선을 쾌락이라고 생각하는 사람이 많지만, 한층 세련된 사람들은 지식이라고 생각한다. 사실상 선의 형상은 어느 쪽도 아니지만, 소크라테스는 그것의 실체를 직접적으로 말하지 않는다. 고작해야 '선의 소산이고 그것을 가장 닮은 것'이라고 비유하는 정도인데, 이것은 태양, 선(線), 동굴로 확장되는 제7권의 은유와 밀접하게 얽혀 있다. 소크라테스는 그 은유를 전개하는 과정에서 자신의 형이상학과 인식론을 펼치며 철인군주에 대해 설명한다.

태양과 가시적 영역의 관계는 세 가지 측면에서 선(善)과 가지적 영역(형상들의 영역)의 관계와 같다. 첫째, 태양은 빛의 근원이며 따라서 가시적 영역에서 가시성의 근원이라면, 선은 가지성의 근원이다. 둘째, 태양은 우리에게 시각을 주는 근원이다. 우리 눈은 빛과 결합해야만 볼 수 있기 때문이다. 마찬가지로 선은 우리에게 지식을 소유할 역량을 부여한다. 셋째, 태양은 가시적 영역에서 만물이 존재하게 만든다. 계절의 운행을 정하고, 꽃이 피게 하고, 짐승들이 새끼를 낳게 하는 것. 선은 형상들의 존재, 가지적 영역에 '존재하게 됨'의 근원이다. 선의 형상은 '존재를 초월하는 것', 즉 모든 존재의 원인이다.

선의 형상은 모든 지식과 진리의 원인이자 인식하는 사람에게 그 힘을 주고, 가지적 영역에서 형상들이 존재하게 되는 원인이며, 가시적 영역에 존재하는 선하고 아름다운 모든 것의 근원이다. 그렇다면, 선의 형상이 지식의 궁극적 목표임은 놀라울 것이 없다.

그러나 다음 비유를 들어야 선의 형상이 지식에 얼마나 중요한지를 이해할 수 있다. 선(線)의 비유는 세상에 접근하는 방식들, 우리가 얻을 수 있는 지식의 네 등급을 설명하기 위한 것이다. 네 부분으로 나눠진 선을 상상해 보자. 아래 두 부분은 가시적 영역에서 우리가 접근할 수 있는 부분을 나타내며, 위의 두 부분은 가지적 영역에서 접근할 수 있는 등급들을 나타낸다.

인지 활동의 맨 밑 단계는 상상력이다. 상상력 상태에 있는 사람은 상(像)들과 영상(影像)들이 세상에서 가장 실재적인 것들이라고 생각한다. 예술도 이 부류에 속한다.(제10권) 플라톤은 여러 가지 해석을 제시하지만, 상상력의 정확한 의미는 불분명하다.

다음 등급은 믿음이다. 믿음도 가시적 영역에 눈을 돌리지만, 실재적인 사물들과 접촉한다. 믿음 상태에 있는 사람은 감각할 수 있는 개별자들이 세상에서 가장 실재적인 것이라고 생각한다.

상위 두 등급의 지식은 사유와 이해이다. 사유는 형상들을 다루지만 기하학자들이 삼각형의 그림을 통해 삼각형 자체를 추론하는 데 도움을 받듯, 감각할 수 있는 개별자들을 상으로 이용하여 추론하는 데 도움을 받는다. 사유도 가설들, 즉 증명되지 않은 가정들에 의존한다. 이해는 이런 목발들을 하나도 사용하지 않는 순전히 추상적인 학문이다. 관련된 추론은 전적으로 형상들만 다루고, 가설이 아닌 제일 원리, 즉 선의 형상에 따라 진행된다.

이해에 도달하려면 사유에 필요한 목발들을 사용하는

개인은 철학적 변증술을 통해 선의 형상을 향해 올라간다. 일단 선의 형상에 도달하면, 자신의 제일 원리, 즉 증명되지 않은 모든 가설들이 불필요해지는 보편적인 명제에 당도한 것이며, 이제 선의 형상과 더불어 다른 모든 형상을 이해하게 된다. 그 순간, 지식의 가장 높은 단계에 도달한다.

: 풀어보기

플라톤은 선의 형상을 직접적으로 설명할 길은 없다고 주장한다. 그러나 그가 마음속에 무언가를 최고선으로 품고 있었다고 믿을 만한 이유는 있다. 많은 학자들은 선이 일자 (一者)*와 동일한 것으로 여겨질 수도 있다고 믿었다. 일자는 통일을 나타내고, 통일은 다시 결정성과 밀접하게 관련된다. 이렇게 해석하면, 가지성과 실재 사이의 관련성을 설명하는 데 도움이 된다는 이점이 있다. 분명히 어떤 것이 하나로 통일된 것, 즉 하나의 일자이기 때문에 실재적이고 확정된 것이라고 할 수 있다. 정말로 이런 특징이 선이라면, 모든 실재의 근거가 된다는 것이 이치에 닿는다. 이런 특징

---

* **일자**(the One): 파르메니데스는 감성의 대상인 현상 세계와 이성의 대상인 '일자'의 불일치를 최초로 논의한 철학자다. 그러나 파르메니데스의 '존재하는 것'이 단 하나뿐인 '일자'인 반면, 플라톤의 '형상'은 무수히 많다는 점이 다르다. the One은 절대자(the Absolute), 신(God), 선(the Good), 단자(monad) 등으로도 번역됨.

이 없다면, 그 어떤 것도 실재적일 수 없을 것이고, 존재할 수 없을 것이다. 이 같은 해석을 뒷받침하듯 〈국가〉에는 통일성이 없는 도시는 실재적인 도시가 아니라면서 영혼과 도시에서 통일성이 갖는 중요성을 강조하는 내용이 여러 차례 등장한다.

　선의 형상이 될 수 있는 좀더 그럴듯한 후보가 조화다. 플라톤은 〈국가〉의 몇 대목에서 통일성을 찬양하지만, 더더욱 강조하는 것은 조화, 질서, 균형이다. 사회를 구성하는 세 계층의 조화는 건강하고 정의로운 도시를 만들며, 영혼을 이루는 세 부분의 조화는 건강하고 정의로운 영혼을 만든다는 것. 그리고 형상들의 우월성을 언급할 때는 종종 형상들의 궁극적인 질서에 의존하고, 형상들이 똑같은 질서를 철학자의 영혼 속에 불어넣음으로써 철학자를 덕스럽게 만든다고 설명한다. 각 사물의 선(善)은 단순히 그것이 지닌 적절한 조화, 질서, 균형 또는 비례일지 모른다. 형상들에는 조화를 이뤄야 할 별도의 부분들이 없기 때문에 형상들에 적용되는 조화가 어떤 것을 의미하는지 불분명하다. 그러나 플라톤이 형상들이 가장 질서 있는 것들이란 견해를 분명히 표하고 있는 점을 감안하면 형상들을 조화시키는 어떤 방식이 존재한다고 생각하는 것은 확실한데, 그 방식을 이해하지 못하기 때문에 선의 형상을 규정할 수 없는 것인지도 모른다.

선(線)의 은유에서 가장 이해하기 어려운 단계는 상상력이다. 제9권에서 플라톤은 예술이 상상력의 범주에 속한다고 말하기 때문에 많은 사람들은 상상력이 예술의 산물들을 가장 실재적인 사물들로 간주하는 정신 상태를 가리킨다고 이해했다. 이런 정신 상태는 통상적으로 생각되는 것만큼 얼토당토하지는 않다. 텔레비전이나 영화의 영상들(플라톤 시대에는 서사시와 비극)을 통해 자아와 주변 세상에 대한 감각을 획득하는 사람을 상상해 보라. 그런 사람을 상상하기란 그다지 어렵지 않고, 누구나 그런 사람을 알고 있을 것이다.

그러나 플라톤이 예술을 상상력의 범주에 속한다고 주장하는지 궁금해하는 학자들도 있었다. 상상력을 예술과는 전혀 무관한 것으로 이해하는 사람들도 있다. 그런 해석에 따르면, 상상력은 우리의 지각(知覺)이 세상에 대해 철저히 무비판적인 상태를 가리킨다. 이런 상태에서 우리는 하나의 지각을 다른 지각과 연결시키려고 하지 않는다. 어떤 영상을 보면서 그것을 비쳐주는 본래 대상과 구별하지 않는 것. 그렇다면, 우리가 우리 지각들을 서로 연관시키면서도 비판적 분석은 하지 않는 단계가 믿음일 것이다. 한 걸음 더 나아가면, 상상력은 우리가 설명들을 찾지 않는 상태이고, 믿음은 우리가 보편적인 용어들이 아니라 구체적인 용어들로 이루어지는 설명들을 찾는 상태를 가리킨다.

사유와 이해에 대해서는 플라톤이 더욱 분명하게 밝히기 때문에 규명하기가 좀더 쉽다. 사유는 상들과 입증되지 않은 가정들을 이용하는 추상적인 추론이다. 사유의 완벽한 예가 기하학이다. 가령, 기하학자들은 삼각형 자체에 관해 추론할 때 삼각형의 도형들을 이용한다. 정리(定理)들을 증명하려면 기하학자들은 증명 시도 없이도 참이라고 여겨지는 특정한 공리들에 호소할 필요가 있다. 한편, 이해는 지식 전체가 기초로 삼을 수 있는 단일한 보편적 명제를 포착함으로써 사유의 공리들과 가설들을 불필요하게 만든다.

제7권

514ᵃ - 521ᵈ

·요점정리

　가지적 영역에서는 진리와 이해를 통제하고 제공하여 사적으로나 공적으로나 현명하게 행동하려고 하는 사람은 반드시 선의 형상을 보아야 한다고 결론을 내려야 한다.(517ᶜ. 인용문 해설 4 참고)

　제7권에서 소크라테스는 서양 철학에서 가장 아름다우면서도 유명한 동굴의 비유를 제시한다. 이 비유를 통해 교육이 인간의 영혼에 미치는 영향을 설명하려는 것. 그에 의하면, 철학자가 나누어진 선(線) 위의 단계들을 거쳐 선의 형상에 이르도록 만드는 것이 교육이다.

　소크라테스가 묘사하는 장면은 어둡다. 한 무리의 사람들이 태어날 때부터 햇빛을 보지 못한 채 동굴 속 깊은 곳에서 온 몸과 목이 사슬에 묶여 오직 앞만 보고 살고 있다. 그들 뒤에는 불이 타고 있고, 그 불과 죄수들 사이에는 길이 나 있고 그 길을 따라 벽이 세워져 있다. 이 벽을 따라 사람들이 온갖 물품과 온갖 재료로 만든 인물상과 동물상을 담 위로 치켜들고 간다. 불빛을 받은 그 사물들은 벽에 그림자를 드리우고, 수인들은 그 그림자들이 펼쳐 보여주는 이야기들을 쳐다보게 된다. 그런데 그들이 볼 수 있는 것이라곤 그 그림자들이 전부다. 따라서 그들은 그것들이 세상에서 가장 실재적인 것들이라고 믿고, '사람들,' '나무들,' '말(馬)들'에 대해 논의할 때 그것들을 실재적인 것으로 언급한다. 이 수인들은 선(線) 위에서 제일 낮은 단계인 상상력을 대표한다.

이어 한 수인이 사슬에서 풀려나 억지로 불과 조각상들 자체를 보게 되는 경우를 상상해 보자. 그는 눈이 불빛에 직접 노출되면 처음에는 고통과 혼란을 느끼지만, 이내 바로 눈앞에 있는 것이 지금까지 자신이 늘 실재라고 여겼던 그림자들보다 더 실재적이란 것을 깨닫게 되고, 불과 조각상들이 어떻게 어우러져 실재적인 것들의 모방인 그림자들을 만들어내는지를 파악한다면 조각상들과 불이 세상에서 가장 실재적인 것이라고 믿게 될 것이다. 동굴 속에서의 이 단계는 믿음을 나타낸다. 실재적인 사물들—조각상들—을 접했지만, 실재성이 더 확실한 사물들—동굴 밖 세상—이 존재한다는 사실은 아직 알지 못한다.

이어 그 수인은 동굴을 벗어나 바깥세상으로 이끌려

나간다. 처음에는 햇빛에 눈이 부셔 그림자들만 보이다가 차츰 물에 비친 영상들과 실재적인 대상들—나무들, 꽃들, 집들 등—이 눈에 들어오면, 이것들이 조각상들보다 더 실재적이고 전에 보았던 조각상들이 사실은 이 실재하는 것들의 모방에 불과하다는 것을 깨닫게 된다. 이제는 사유의 단계에 도달한 것이다. 이 단계에서는 처음으로 가장 실재적인 것들, 즉 형상들을 보게 된다.

그리고 밝은 빛에 충분히 적응되면 수인은 눈을 들어 하늘과 태양을 보게 될 것이고, 태양이 계절과 세월, 그가 주변에서 보는 모든 것의 원인이란 것을 이해한다. 선의 형상을 가리키는 태양을 봄으로써 이해의 단계에 도달한 것이다.

교육의 목표는 모든 사람을 각자의 동굴로부터 가능한 한 멀리 끌어내는 것이다. 교육은 영혼에 지식을 주입하는 것이 아니라 영혼이 올바른 욕망들을 향하게 만드는 것을 목표로 삼아야 한다. 영악하고 사악한 사람의 시력도 철학자의 시력처럼 예리할 수 있으나 문제는 그의 밝은 시력이 무엇을 지향하느냐, 하는 것이다.

도시의 최고 목표는 올바른 본성을 가진 사람들을 교육하여 정신이 예리하게 선의 형상을 향할 수 있도록 하는 것이다. 일단 선의 형상으로 정신을 향하고 나면, 영원히 선의 형상만 바라보지 말고 정기적으로 동굴로 돌아가 그곳을 통치해야 한다. 정기적으로 조각된 형상들로부터 그림자들로 눈을 돌려 동굴에 갇혀 지내는 다른 수인들이 동굴에서 빠져나올 수 있도록 도와주어야 한다는 것.

:풀어보기

동굴과 선(線)의 비유를 읽을 때는 플라톤이 인지 작용의 네 단계뿐만 아니라 네 가지 삶의 방식들을 묘사하고자 한다는 것을 이해해야 한다. 예를 들면, 각 단계에 있는 네 사람을 상상하고 각자에게 용기가 무엇인지 물어보라. 그들이 말하는 용기는 크게 다를 것이다.

상상력의 단계에 대해 있을 법한 해석에 따르면, 이 단계의 개인이 생각하는 용기는 문화로부터 유래한 상들을 바탕으로 할 것이다. 그는 용기를 "루크 스카이워커*는 정말 용감한 것 같아. 암, 그게 용기지"라는 식으로 설명하려 들지 모른다. 믿음들을 가진 개인도 구체적인 예를 들겠지만, 그 예는 실생활에서 끌어낼 것이다. 해병대원이나 소방대원들을 언급할 듯.

반면, 사유 단계의 사람은 어떻게든 용기 자체를 정의

---

* **루크 스카이워커**(Luke Skywalker): 〈스타워즈 *Star Wars*〉의 주인공. 나부 Naboo의 파드메 아미달라 Padme Amidala 여왕과 제다이 Jedi 기사, 애너킨 스카이워커 Anakin Skywalker의 아들.

하려 들 것이고, 어쩌면 소크라테스가 제4권에서 제시하듯 용기를 두려워해야 할 것과 두려워하지 말아야 할 것에 관한 지식이라고 규정할지 모른다. 사유로부터 말하는 사람과 이해를 소유한 사람의 차이는 전자는 자기 견해에 선의 형상에 대한 지식을 담을 수 없다는 점이다. 참된 제일원리보다는 입증되지 않은 가설들을 다루기 때문이다. 따라서 심지어 그들의 정의(定義)가 올바르다고 해도, 상관 개념들에 대한 파악이 어느 지점에서 멈추기 때문에 반박당할 여지가 있다. 이해로부터 말하면서 정의를 제시하는 사람은 그 정의의 모든 항목들을 이해하며, 각 항목을 제일원리, 즉 선의 형상을 토대로 옹호할 수 있다.

선의 형상은 일단 파악되면 모든 이해를 비추기 때문에 지식은 전체론*적이다. 어떤 것을 이해하려면 모든 것을 이해해야 하며, 일단 어떤 것을 이해하게 되면 모든 것에 대한 이해로 진행할 수 있다. 사유를 거쳐 선의 형상으로 나아가게 되면 결국 선의 형상을 파악하게 되면서 모든 것이 비춰지는 식으로 모든 형상들은 서로 연관되고 함께 이해된다.

---

* **전체론**(holism): 한 기관(철학·심리학·생물학·사회학·정신·언어 등)은 단순히 구성 부분들의 총합으로 설명될 수 없다는 사상. 전체도 개별적 특성을 지닌 부분처럼 엄연히 하나의 실체라는 것. 즉 전체는 부분의 합보다 많고, 전체와 부분은 밀접하게 연결되어 있다.

동굴 속의 단계들은 삶의 단계들이기 때문에 플라톤이 낮은 단계들을 반드시 거쳐야 더 높은 단계들로 올라간다고 생각했다고 말해도 무리는 없을 것 같다. 누구나 처음에는 상상력의 인지 단계에서 시작한다. 우리는 각자 머리와 사지가 묶인 채 동굴 속 깊은 곳에서 눈앞에 보이는 것에만 얽매인 채 삶을 시작하고, 교육은 그 동굴로부터 가능한 한 멀리 벗어나기 위한 몸부림이다. 그러나 모두가 동굴을 빠져나올 수는 없기 때문에 누구는 생산자, 누구는 전사, 누구는 철인군주가 되어야 하는 것이다.

만약 철인군주들이 동굴을 벗어났다면, 그들에게 그곳으로 되돌아가라고 강제하는 것은 부당하게 보일지 모른다. 소크라테스의 친구들도 그런 조치는 철학자들에게 더 못한 삶을 살도록 강요하는 것이라며 우려를 표했는데, 소크라테스의 반응은 세 가지다. 첫째, 법은 한 부류만을 각별히 행복하게 살도록 하는 것이 아니라 도시 전체에서 행복이 실현되도록 하는 데 관심을 갖는다. 둘째, 철인군주들은 도시가 베풀어준 교육 덕분에 참된 것을 보았기 때문에 더 이상의 자유—도시를 위해 힘을 쏟으려 하지 않고 자기들끼리 순수한 것 속에서 살려고 하는 태도—는 허용되지 않는다. 통치자가 되도록 여느 시민들보다 더 훌륭하고 완벽한 교육을 받게 했으니 동굴로 돌아가 통치를 통해 도시에 고마움을 표하고 봉사해야 한다는 것. 셋째, 철학자들은 실제로는 마지못해 통치하고 싶어할 것이다. 만약 그들이 통치하지 않으면, 도시가 덜 정의로워질 것임을 알기 때문이다. 형상들을 사랑하는 그들은 도시에서 질서와 조화를 이룸으로써 형상들을 모방하려 하고, 도시를 무질서와 부조화에 빠뜨릴 만한 일은 하기 싫어할 것이다. 통치하는 것을 좋아하지 않는 태도가 통치하기에는 최상의 자격요건 가운데 하나다. 통치하는 것이 쟁취의 대상이 되면, 내란이 일어나게 되고 당사자는 물론 시민들도 파멸시키기 때문이다. 훌륭한 통치자는 권력과 사사로운 이득에 대한 욕망보다는 오로지 의무감과 사명감에서 다스린다. 따라서 명예와 부를 향한 저급한 충동들보다 이성과 진리를 향한 욕망을 중시한 철학자들만이 통치자의 위치에 어울리는 유일한 유형의 인물이다.

521e - 541a

철인군주는 선의 형상을 알고, 따라서 만물을 이해한다는 점에서 여느 사람들과 다르다는 것이 밝혀졌다. 이제 소크라테스는 우리에게 이런 부류의 사람들을 양성하는 방식을 알려주어야 한다. 수호자들이 영혼을 궁극적 진리를 향하게 하여 선의 형상을 찾게 하기 위해 제2권과 제3권에서 제시한 일반 교육 이외에 어떤 종류의 보강 교육이 필요한지 설명해야 하는 것. 대답은 간단하다. 영혼을 생성의 영역—가시적 영역—에서 존재의 영역—가지적 영역—으로 이끌어주는 수학과 철학적 변증술을 공부해야 한다는 것.

수학은 준비요, 변증술은 궁극적 형태의 연구다. 감각적 지각들을 제쳐두고 순수한 추상적 추론을 통해 선 자체에 도달하려는 변증술은 가설들을 제거하고 궁극적으로 모든 지식을 비추는 제일 원리로 나아가는 것이다. 소크라테스는 비록 변증술에 매혹되어 있었지만, 변증술에도 엄청난 위험이 있다는 것을 깨닫는다. 따라서 나쁜 부류의 사람이나 심지어 올바른 부류라도 너무 어릴 때는 가르치지 말아야 한다. 변증술에 준비가 되지 않은 사람은 '그것을 일종의 반박 놀이처럼 취급'하고, 논증을 위한 논증이나 펼치면서 진리로 나아가지 않고 진리에 대한 감각을 모조리 잃어버릴 것이기 때문이다.

이어 소크라테스는 철인군주를 선별하고 훈련시키는 방식을 자세히 묘사한다. 첫 단계는 올바른 본성을 타고난 어린이들—가장 안정적이고 용감하고 기품 있으며, 수학과 변증술에 흥미를 갖고 쉽게 배울 수 있고, 기억력이 뛰어나고 모든 면에서 열심히 하는 것을 좋아하며 일반적으로 덕에 대한 잠재력을 드러내는 아이들—을 찾는 것이다. 아주 어릴 적부터 선발된 어린이들은 산술과 기하학을 비롯한 수학 과목들을 철저하게 배워 변증술 학습에 대비해야 한다. 교육은 강제적이면 안 되고 놀이처럼 진행되어야 한다. 자유인은 항상 굴종적이지 않은 일에 더 잘 적응하는 법이니, 교과에 더 큰 흥미를 보일 것이다. 둘째, 수학 공부에 가장 적합한 어린이들이 즐거움을 표현하도록 해줘야 한다. 공부를 즐기는 사람들만이 강제적이지 않은 것으로 주어진 과제에 전념할 것이기 때문이다. 이후 2, 3년 동안은 필수적인 신체 단련에 전적으로 초점을 맞춰야 한다. 이 시기에는 몸이 너무 고단하여 다른 일은 제대로 할 수 없기 때문이다.

이전의 활동에서 가장 뛰어난 능력을 보여주는 수련생들은 모두 명단에 올리고, 신체 단련이 끝난 후 선발된 아이들은 다음 단계로 나아가고, 나머지는 조력자가 된다. 이제 스무 살이 된 그들은 남들보다 더 큰 영예를 누리게 되고, 이전에 배운 모든 지식을 하나의 일관된 전체로 통합해야 한다. 이 일을 잘해내는 사람들은 변증술을 익히기에 알맞은 천성을 타고났으며, 나머지는 그런 천성이 부족하다고 봐야 한다. 따라서 자질과 학습에서 뛰어나고, 전술과 함께 다양한 법적 의무에서도 두각을 나타내는 사람을 서른 살이 될 때 다시 선별하여 더 큰 영예를 누리게 하고 각별히 관찰하며 시험한다. 누가 오감에 대한 의지를 극복하고 오직 사유만으로 진리를 향해 나아가는지 알아보려는 것. 이 시험에서 뛰어난 결과를 거둔 사람들은 이후 5년간 변증술에만 전념하고, 나머지는 조력자가 된다.

그 후 젊은 철학자들은 '동굴 속으로 돌아가' 강제로 전쟁을 비롯하여 적합한 관직을 맡아 통치 경험을 쌓는다. 이 기간에도 충성심과 지혜에서 굳건한 태도를 보이는지 알아보기 위한 시험은 계속된다. 이렇게 15년이 흐르고 50세가 되면, 누구라도 자기의 영혼을 고양시키고 선의 형상을 파악하게 된다. 이제 철인군주들은 자신, 시민들, 도시가 자신이 파악한 선의 형상을 본받도록 다스려야 한다. 그들

각자는 여생의 대부분을 철학에 쏟지만, 번갈아 '동굴 속으로' 돌아가 도시를 위해 정치와 통치에 참여해야 한다. 또한 가지 중요한 임무는 다음 세대의 조력자들과 수호자들을 양성하는 일이다*. 그들이 죽으면 최고의 명예가 바쳐지고 그 도시에서 신처럼 숭배된다.

마침내 정의로운 도시의 측면들을 모두 설명한 소크라테스는 실제적으로 그런 도시를 수립할 수 있는 방식을 언급하면서 제7권을 마친다. 이미 존재하는 도시로 들어가 열 살이 넘은 사람은 모두 추방하고 어린이들을 방금 언급한 방식으로 양육하는 그의 해법은 가히 충격적이다.

· 풀어보기

플라톤이 개관하는 철인군주의 교육을 통해 아카데미아의 초창기에 학생들이 어떤 교육을 받았을지 짐작할 수 있다. 그곳에서는 수학을 중점적으로 가르쳤는데, 플라톤이 여기서 '수학'이라고 지칭하는 여러 과목에 해당될 것이다. 고대 세계에서 소위 고등 수학적 주제를 가르칠 만한 정도

---

* **철학군주의 탄생과정.** (1) 17, 8세까지: 수학 관련 여러 학과와 음악·문학·체육을 자유롭게 공부한다. (2) 20세까지: 신체 단련. (3) 30세까지: 선별된 자들에게 수학 관련 여러 학과를 종합적으로 공부시킨다. (4) 35세까지: 다시 선별된 자들에게 철학적 논박문답법을 공부시킨다. (5) 50세까지: 실무 경험을 쌓는다. (6) 50세 이후: 가장 뛰어난 사람이 선의 형상을 보고, 그 후로는 철학에 전념하여 통치자의 자리에 오른다.

의 실력을 지닌 사상가는 테아에테토스*와 에우독소스**가 전부인데, 모두 아카데미아의 교사였다. 게다가 변증술 훈련은 제공되지 않았을 것이다. 플라톤이 서른 살 미만의 사람에게는 변증술을 가르치면 안 된다고 믿었기 때문이다.

플라톤은 왜 그토록 수학을 중시했을까? 누구나 가장 먼저 배워야 하고 모든 기술과 모든 형태의 사고와 지식이 이용하는 공통의 것인 수학은 감각할 수 있는 개별자들의 영역을 초월하기 때문에 가지적 영역으로 우리를 이끈다. 응용수학(가령, 개별자들을 셈하거나 우리에게 보이는 행성들의 천문학적 양식들을 추적하는 것)을 넘어 숫자들 자체를 생각하고 그 숫자들과 다른 숫자들의 관계를 검토하기 시작하면, 우리는 감각적 영역에서 가지적 영역으로 들어가기 시작한다. 숫자들은 형상들처럼 정말로 존재하고 있으며, 추상적 사유를 통해서만 접근 가능한 감각할 수 없는 실체들이다. 숫자들과 수적 관계들을 생각해 보면, 감각할 수 있는 영역 너머에 어떤 진리가 있으며, 이 진리는 감각적 영역을 설명하고 해명한다는 점에서 감각적 영역보다 더 위에 있다는 것을 알게 된다.

---

* **테아에테토스**(Theaetetos, 415-369 B.C.): 그리스 수학자. 무리수 이론의 체계를 세웠으며, 지각을 지식이라고 주장했다.

** **에우독소스**(Eudoxus, 408-355 B.C.?): 그리스 수학자. 황금분할 이론을 발전시키고 그 명칭도 붙였다. 플라톤에게서 철학을 배움.

이렇게 보면, 수학은 철학자의 교육에서 두 가지 역할을 하기로 되어 있는 것 같다. 첫째, 수학은 학습자의 시야가 감각적 세계 너머의 진리들을 지향하게 만든다. 그 진리들이 실제로 존재한다고 암시하여 거기에 도달하려는 욕망을 불어넣는다. 둘째, 학습자는 그 같은 진리들에 대해 생각함으로써 추상적 이성의 사용을 배양하고, 감각에 의존하여 세상을 판단하지 않게 된다. 수학은 학습자에게 최종 과목인 변증술에 필요한 준비를 갖추게 하고, 변증술은 결국 수학의 영상들과 입증되지 않은 가설들을 폐기하고 지금까지 연마한 추상적 사유 능력에 전적으로 의거하여 원리 자체로 나아간다.

플라톤은 인간의 오감을 거의 믿지 않는다. 참된 철학자는 진리를 추구할 때, 오감을 무시하는 훈련을 받아야 하며 오로지 사유에 의지해야 한다. 참된 철학자는 경험적 탐구는 십중팔구 이용하지 않는다. 즉 진리를 발견하기 위해 자연 세계를 관찰하지 않는다. 플라톤은 지식에 과학적으로 접근할 때 관찰을 가장 중요한 요소로 꼽는 전형적인 방법뿐만 아니라 과학적 탐구의 관찰 방법을 최초로 제시한 인물로 알려진 제자 아리스토텔레스와도 대립된다.

　　정의로운 도시에 대한 묘사를 마친 소크라테스는 이전
에 중단된 네 가지 정의롭지 못한 네 유형의 정체와 그것을
닮은 인간의 유형들을 묘사하기 시작한다. 앞의 여섯 권에
서 논의한 귀족정체와 그 정부를 현미경처럼 구현하고 다
스리는 철인군주 이외에 네 가지 유형의 도시-인간 쌍을 밝
히는 것. 첫째, 명예정체(timocracy). 이 정체를 닮은 사람
들은 명예에 대한 사랑이 지배하고 축재 욕구도 크다. 둘째,
과두정체(oligarchy). 이 정체를 닮은 사람들은 필요한 욕구
들에 의해 행동하고 다스린다. 셋째, 민주정체(democracy).
이 정체를 닮은 사람들은 불필요한 욕구들이 이끄는 대로
행동하고 다스린다. 넷째, 참주정체(tyranny). 이 정체를 닮
은 사람들은 불법한 욕구들이 이끄는 대로 행동하고 다스
린다. 각 정체는 귀족정체가 쇠퇴하면서 생겨나는 형태인데,
위의 순서대로 나타나며 참주정체와 참주들이 가장 나쁘다.

안타깝게도 우리의 도시가 인간으로 구성되고 인간적인 것들은 어쩔 수 없이 쇠퇴하기 때문에 이 정체들은 단순한 이론적 가능성들이 아닌 정의로운 도시가 시간이 흐르면서 겪게 될 필연적인 변질의 단계들이다.

이 정체들은 우생학적으로 훌륭한 자질을 가진 아이들의 출산에 실패하여 통치자들 속에 이질적인 자들이 섞이면서 비롯된다. 좋은 부류의 통치자들이라면 정신적으로 부유해서 구질서를 보전하고 덕에 초점을 맞추려고 들겠지만, 나쁜 부류의 통치자들은 사유 재산을 보유하고 축재를 하기 위해 이것저것을 고치려고 들 것이다. 이들이 서로 다투다가 절충안으로 명예정체가 등장한다. 통치자들은 나쁜 파당의 욕심을 채우기 위해 도시의 모든 땅과 집을 나누어 갖고, 그들의 수호를 받아오던 생산자들을 노예로 만들어 그들과 전쟁을 벌이고 그들을 수호하는 데 골몰한다. 통치자들은 여전히 존경받을 것이며, 전사 집단은 농사나 육체노동, 기타 돈벌이를 멀리하고 공동으로 식사하며 신체 단련과 전쟁 훈련에 전념하는 등, 귀족정체를 모방한다. 그러나 이 정체는 현명한 사람들을 통치자들로 앉히기를 두려워하고, 대신 성향이 격정적이고 단순하여 평화보다는 전쟁에 이끌리는 사람들을 선호한다. 그들은 재물욕이 있지만, 승리와 명예에 대한 사랑이 가장 두드러지게 나타난다.

이 정체를 닮은 사람은 기개에 의해 지배된다. 그들은

영혼 속에 깃든 이성적인 부분을 북돋워주며 양육하는 귀족의 아들이지만, 세상사에 무덤덤한 가장에게 불만을 품고 돈을 사랑하도록 격정적인 부분을 조장하는 나쁜 어머니와 하인들의 영향을 받아 결국 그 중간인 교만하고 명예를 사랑하는 사람이 된다.

명예정체가 쇠퇴하면 평가 재산에 근거하는 과두정체가 된다. 돈과 재물에 대한 사랑이 커지면서 명예정체는 전적으로 재물에 의존하여 통치하는 과두정체로 변한다. 어느 정도 이상의 부와 재물을 지닌 사람이라면 통치에 참여할 수 있으나 그 평가액이 수준에 미달하는 사람들은 통치에 관여하지 못한다. 이 도시의 문제점은 다섯 가지다. 첫째, 통치에 부적합한 사람들에 의해 통치된다. 둘째, 필연적으로 하나가 아닌 두 개의 도시, 즉 부유한 사람들의 도시와 가난한 사람들의 도시로 분열된다. 같은 곳에 거주하면서도 항상 서로를 해칠 모략을 꾸미고, 공동 목표가 없기 때문에 하나의 도시를 이루지 못하는 것. 셋째, 전쟁을 수행할 수 없다. 전쟁을 치르려면 시민들을 무장시켜야 하는데, 그들을 증오하는 시민들을 외부인들보다 더 두려워하기 때문이다. 넷째, 전문화 원리가 통하지 않는다. 통치자들은 동시에 농사짓고, 돈벌이하고, 전쟁하는 사람들이다. 이처럼 가장 커다란 악을 허용한 최초의 도시에서는 어떤 사람은 가진 것을 모두 팔고, 다른 사람은 그것을 몽땅 사서 소유하며,

가진 것을 모두 팔아먹은 사람은 어떤 구성원—생산자, 전사, 통치자—도 아니면서 거지나 범죄자가 되어 함께 거주한다. 이들은 벌집의 걱정거리인 '수벌' 같은 존재인데, 침이 없는 부류는 거지가 되고 '침이 있는' 부류는 도둑이나 소매치기 같은 범죄자가 된다. 이 정체에서는 통치자들 이외에는 거의 모두가 거지이고 침을 가진 못된 자들이다.

이 정체를 닮은 사람은 인색한 부자인데, 명예정체적인 사람의 아들로서 처음에는 아버지를 모방하려고 애쓰지만, 아버지가 부당하게 치욕스럽고 불행한 일을 겪고 재산을 몰수당하는 것을 목격하면서 충격에 빠지고 게다가 가난해지기까지 하자 탐욕스럽게 돈을 벌어 다시금 서서히 재산을 쌓아간다. 그의 유일한 동인(動因)이 돈을 더 벌려는 욕망이 되면서 이성과 기개는 욕구의 노예가 된다. 이성은 돈을 더 많이 벌 방도만 궁리하게 되고, 기개는 부와 부자들만 존중하게 되어 오로지 재물의 획득이나 그것에 도움이 되는 것 이외에는 자랑거리로 여기지 않는다. 이들에게도 남의 재물을 써야 할 때는 수벌 같은 나쁜 욕망이 생기지만 자기 재산에 대해서는 극히 조심스럽기 때문에 억제된다. 자신이 처음부터 쌓아온 것을 모두 잃게 할 수도 있는 활동에는 결코 참여하려 하지 않는 것.

과두정체가 쇠퇴하면 민주정체가 된다. 이 도시의 통치자들은 많은 것을 소유한 덕분에 통치하기 때문에 무절제한 자들이 재산을 낭비하거나 탕진하지 못하도록 법으로 막으려 하지 않는다. 돈에 대한 채울 수 없는 욕망을 지닌 통치자들은 고리대금으로 더 부유해지고 존경을 받는 반면, 극도로 가난해진 많은 사람들은 부자들을 증오하고 혁명을 모의하면서 하릴없이 지낸다. 돈벌이에 혈안이 된 부자들은 불만을 품은 대중들을 못 본 척 무시하면서 고리대금으로 수벌들을 양산한다. 마침내 독침 있는 수벌의 선동에 넘어간 가난한 사람들이 반란을 일으켜 부자들의 일부는 죽이고 나머지는 모조리 추방한 다음, 나머지 사람들은 도시의 통치에서 평등한 몫을 갖는 새로운 정체를 세우게 되는데, 상당 부분의 관직을 추첨에 의해 배정할 뿐 누가 어떤 역할에 가장 적합한지 따위에는 신경도 쓰지 않는다. 이 도시에서 으뜸으로 꼽는 원리는 자유다. 누구나 하고 싶은 말을 할 수 있고 멋대로 살아갈 수 있다. 따라서 어디서나 방종이 판치면서 온갖 부류의 인간들이 생겨나고, 질서나 조화는 찾아볼 수 없을 것이다.

　　이 정체와 닮은 사람을 묘사하기 위해서는 우리가 본성에 의해 갈구하게 마련인 필요한 욕망과 불필요한 욕망의 차이를 반드시 설명해야 한다. 필요한 욕망은 교육이나 단련에 의해 물리칠 수 없는 이로운 욕망들(가령, 생명 유지에 필요한 음식에 대한 욕구)이고, 불필요한 욕망은 교육이나 단련에 의해 이겨낼 수 있는 이롭지 않은 욕망(가령,

사치품목과 퇴폐적인 생활양식에 대한 욕구)이다. 절약하고 과두정체적인 사람은 필요한 욕망들에 의해 지배되지만, 그의 아들인 민주정체적인 사람은 이내 불필요한 욕망들에 넘어가고 만다. 아버지는 돈을 모으기만 하고 쓸 줄은 모르는 수전노인 반면, 아들은 돈으로 살 수 있는 온갖 호사스런 쾌락을 누리게 된다. 교육도 제대로 받지 못하고 인색한 환경에서 자란 젊은이가 온갖 쾌락을 제공할 수 있는 영악하고 나쁜 자들과 어울리면서 조종되어 공경과 절제를 내팽개치고 무정부 상태는 자유, 낭비는 통이 큰 것, 뻔뻔함은 용기라고 착각하기 시작하고, 이후에도 필요한 쾌락 못지않게 불필요한 쾌락을 위해 시간과 돈과 노력을 쏟을 것이다. 그러나 운이 좋다면 나이가 들어 그의 덕들 가운데 일부가 다시 찾아오고 때로는 절제하는 자세를 보이기도 하지만, 모든 쾌락들(절제와 탐닉의 쾌락들)이 똑같이 존중되어야 한다고 생각하고 순간순간 마주치는 욕구에 영합하며 살아간다.

가장 자유로운 도시인 민주정체는 쇠퇴의 마지막 단계에서 노예 상태가 가장 심한 참주정체로 내려앉는다. 자유에 대한 채울 수 없는 욕망이 과도해지면서 도시의 올바른 통치에 필요한 일들은 무시되고, 수벌들이 다시 혼란을 불러일으킨다. 민주정체에서 수벌 계급은 대개 주도적인 정치가가 되기 때문에 과두정체의 수벌 계급보다 사납고, 몇 몇 경우를 제외하고는 모든 것이 이들에 의해 조종된다. 민주정체에는 수벌 이외에 본성적으로 절약하기 때문에 부유해지는 사람들과 직접 일하면서도 재산은 그다지 많지 않고 정치에는 거의 관여하지 않지만 최대 다수이자 주도권을 갖는 민중이 있다. 수벌들은 두 부류의 사람들을 모두 속이고 서로 반목하도록 선동한다. 가난한 사람들을 속여 부자들이 과두정치를 하려 한다고 납득시키려 하고, 부자들을 속여 가난한 사람들이 혁명을 일으키려 한다고 믿게 만들려 하는 것. 부자들은 원하든 원하지 않든 두려움 때문에 가난한 사람들의 자유를 제한하려 들면서 결국 과두정치를 하려는 사람이 되고, 그에 대한 반응으로 가난한 사람들은 혁명을 일으킨다. 모반의 지도자—민중을 선동한 수벌—는 그 가난한 사람들이 승리하면 참주가 된다. 그는 권좌를 빼앗길 것이 두려워 훌륭한 사람은 모두 죽이고, 민중은 노예로 만들어 그와 그의 패거리들을 먹여 살리는 한편, 전비 충당에 내몰려 딴 생각을 하지 못하고 더불어 지도자의 필요성을 느끼게끔 하기 위해 끊임없이 전쟁을 일으켜야 하며, 사회의 가장 나쁜 무리인 다른 수벌들을 경호원들로 삼기 위해 비위를 맞춰야 한다.

소크라테스는 참주정체를 닮은 사람의 유형은 거의 제시하지 않고 제8권을 마친다. 제9권에서는 이 유형의 사람들에 대한 심리적인 초상화가 제시될 것이다.

플라톤의 통찰력을 보여주는 민주정체에 대한 비판은 많은 생각을 하게 만든다. 민주정체는 오로지 자유만 추구하며 그 외의 다른 덕은 무시한다는 지적과 그 체제에서 권력을 잡는 경향이 있는 부류의 사람들에 대한 묘사는 심각한 문제를 제기한다. 개인적 자유의 상실은 정말로 반드시 필요할까? 아니면, 조화와 질서를 얻는 대가로 자유를 포기하면 실제로 우리 삶이 더 나아질 수 있을까? 어느 경우든 우리는 플라톤이 우리가 거룩한 자유를 포기하는 것에 대해 느꼈을 공포를 보았다면 어떤 말을 해주었을지 알고 있다. 우리의 영혼이 무질서하고 건강하지 못하며, 우선순위들이 엉클어져서 개인적인 자유에 필사적으로 매달리는 것이며, 우리가 잘못된 욕망들—돈, 육체적 쾌락, 명예에 대한 욕망—에 휘둘리기 때문에 그의 〈국가〉에서 산다고 생각하면 겁을 먹는 것이고, 올바른 욕망들, 즉 진리, 질서, 조화에 대한 욕망들과 사회 전체의 선에 따라 움직인다면 좀더 열린 마음으로 그의 정부 체계를 받아들일 수 있을 것이라고 말했음직하다.

플라톤은 정의로운 도시가 시간이 흐르면 쇠퇴할 수밖에 없는 이유를 설명하기 위해 신화를 끌어들인다. 식물들뿐만 아니라 동물들에게도 영혼과 육신의 풍요로운 생산과 불임, 불모의 시기가 있으며, 소위 '인간을 위한 숫자'가 좋은 출산과 나쁜 출산을 좌우한다. 그러나 통치자들은 이 숫자를 계산하는 수학을 완벽하게 알지 못하기 때문에 어쩔 수 없이 실수로 적기가 아닐 때 짝을 짓는 수가 있다. 그렇게 되면, 다음 세대는 열등한 아이가 태어날 것이고, 결국 올바른 통치자들은 부족해질 것이란 이야기다.

'인간을 위한 숫자'는 어쩌면 인간적인 선, 즉 인간 존재들에게 적용된 선의 형상을 나타내는 것일지 모른다. 형상들과 우주의 법칙들은 수학적이다. 행성들과 항성들의 운행을 묘사하는 수학적 공식들이 있듯이, 인간의 온갖 양상들을 묘사하는 수학적 공식들도 있는 것이다. 플라톤은 인간의 경우에도 우주의 경우에도 이 공식들을 모두 포괄하는 단 하나의 실제적인 숫자가 없다는 것을 깨닫고, 실재의 모든 양상들이 수학적으로 표현될 수 있으며, 인간과 공간과 시간에 대한 이 같은 수학적 표현이 최소한 선의 형상이라는 절대적이고 초월적인 실재의 한 부분이라고 믿고 있다.

제9권

571ᵃ - 580ᶜ

요점정리

욕정의 참주 아래서 그는 깨어 있을 때도 언제나 지난날에는 잠들었을 때나 가끔씩 되곤 했던 그런 사람이 되어 있는 것일세.(574ᵉ. 인용문 해설 5 참고)

제9권은 참주정체를 닮은 사람에 대한 심리학적 혜안을 보여주는 긴 묘사로 시작한다. 욕망들에 의해 지배되며 법을 지키지 않는 사람이 참주정체를 닮은 사람이다. 법을 지키지 않는 욕망들은 사람을 온갖 종류의 끔찍하고, 파렴치하고, 범죄적인 일에 끌어들인다. 예를 들면, 어머니, 신, 또는 짐승들과도 교접하려 들고, 더러운 살인도 마다하지 않고, 어떤 음식이든 삼갈 줄을 모르는 따위다. 사람은 누구나 사납고 불법적인 욕망을 지니고 있다. 그 증거는 이 욕망들이 우리 영혼의 이성적인 부분이 경비를 서지 않을 때 가끔 꿈속에서 나온다는 것이다. 그러나 참주정체적인 사람만은 깨어 있는 시간에도 이러한 욕망들이 나오게 내버려둔다.

참주정체적인 사람은 민주정체적인 사람의 아들이다. 불법적이지는 않아도 불필요한 욕망들을 탐닉하는 아버지처럼 아들은 수벌들, 즉 불법적인 욕망들을 품은 자들과 어울리게 된다. 그러나 아버지는 그의 과두정체적인 아버지의 인색함에 대한 미움 때문에 나쁜 쪽으로 향하다가 그의 성향으로 인해 중간인 민주정체를 선택한 반면, 완전한 자유를 누리는 민주정체적인 기풍 속에서 양육된 아들은 더욱더 불법 쪽으로 다가간다. 아버지와 온 집안이 말리려고 들지만, 결국 불법적인 자들이 승리할 수밖에 없다. 그 수벌들의 승리수는 아들에게 강렬한 욕정을 심어주는 것인데, 그 욕정 자체가 한 마리 수벌처럼 작용하여 아들에게 온갖 불법적인 일을 부추겨 미쳐 날뛰게 하고 수치나 절제 따위의 감정을 사라지게 만든다.

그는 이제 밤낮으로 온갖 사치와 호사를 누리며 주지육림에 빠져 지내게 되고, 이내 가진 재물을 탕진하고 돈을 빌리기 시작한다. 그런데 누구도 돈을 빌려주지 않게 되면, 결국 속임수와 힘에 의존하게 된다. 채울 수 없는 애욕적 갈망 때문에 부정한 짓이란 짓은 모조리 저지르는 것. 첫째, 갖가지 천륜을 어기는 짓을 통해 부모로부터 돈을 빼앗고, 남의 집에 침입하거나 신전을 털며, 결국에는 살인을 저지르기 시작한다. 이제는 잠이 깨었을 때도 한때는 오직 잠들었을 때만 되었던 사람이 되고, 삶은 악몽이 된다. 그 사람 안에서는 욕정이 무정부 상태와 불법적인 상태에서 참주처럼 살아가고, 그 욕망들을 채우기 위해서라면 무슨 짓이든 저지르다가 아무도 믿지 못하게 되고, 친구들은 모두 곁을 떠난다. 영혼의 가장 고상한 부분들이 가장 사악한 부분의 노예가 되면서 영혼 전체가 부조화와 후회로 가득 채워져 정말로 원하는 일은 전혀 할 수 없게 된다. 그는 계속 가난하고 욕망을 채우지 못한 채 두려움 속에서 살아간다.

이처럼 참주정체적인 삶의 섬뜩한 모습을 생각하면, 누구라도 더 이상 비참한 삶은 없다고 인정하겠지만, 소크라테스는 더 비참한 삶이 있다고 말한다. 참주정체적인 사람이 개인으로서 일생을 보내지 못하고 실제로 참주가 되는 경우다. 이를테면, 신이 개인적인 참주를 가족을 비롯하여 노예들과 함께 무인도로 옮겨 놓았을 때 무슨 일이 벌어질지 상상해 보자. 그에게 학대당한 노예들로부터 그를 보호해 줄 법이 없기 때문에 그는 자신과 가족들의 살해 위협 속에서 끔찍한 두려움을 느끼며 살지 않을까? 그리고 만약 그가 노예들을 학대하는 사람을 곱지 않게 보는 사람들에게 둘러싸여 살게 된다면, 훨씬 더 위험하지 않을까? 실제 참주가 되는 것도 이와 같을 것이다. 참주는 자신이 노예화했던 신민들에게 자행한 온갖 범죄에 대한 앙갚음으로 피

살당할 위험이 사라지지 않고, 사방에 깔린 적이 무서워 집을 벗어나지 못하고 포로가 되어 공포 속에서 살아간다. 또한 참주는 아주 변덕스럽고, 집권으로 이내 이전보다 더욱 타락한다.

참주이면서 가장 올바르지 못한 사람은 가장 비참하다. 군주이면서 가장 정의로운 사람이 가장 행복하다. 따라서 제2권의 결론은 틀렸다. 이것이 정의로운 것은 득이 된다는 첫 번째 증거다.

ᆞ풀어보기

생전에 강렬한 욕망과 탐욕에 휘둘리는 참주들만 보았던 플라톤이 살아서 20세기의 전체주의 정권들을 접하고도 참주정체적 정신에 대한 진단이 변하지 않았을지 궁금해진다. 이 참주의 모습은 그리스의 전제군주*에 대한 묘사로는 빈틈이 없고 뛰어나지만, 히틀러, 스탈린, 폴 포트** 같은 사람들의 정신을 포착하기에는 다소 부족한 감이 있다. 이들

---

* **전제군주**(despot): 고전 시대에는 권력과 권위를 독차지하고 자신을 제외한 모든 사람을 노예로 생각한 패자(覇者)를 의미했다. 고전적인 전제군주의 표본은 이집트의 파라오.

** **폴 포트**(Pol Pot, 1925-98): 본명 살로트 사르(Saloth Sar). 크메르루지의 지도자였고 1975년부터 실질적으로 캄보디아를 지배했으며 1976년부터 1979년까지 캄보디아 수상으로 재임하면서 150만 명 이상의 국민을 죽였으나 베트남과의 전쟁에서 패하여 실각했다. 1998년에 사형 당함.

에게 그토록 가공할 만행을 저지르게 만든 것이 과연 그들의 욕구들이었을까, 아니면 끔찍하게 왜곡된 그들의 이성이었을까? 아마도 플라톤은 이성 자체가 우리를 악으로 이끌수 있다는 가능성은 고려하지 않고, 최근 역사에도 불구하고 자기 입장을 지키려고 들 것이다. 이 독재자들의 경우에도 진정한 추진력은 돈과 권력에 대한 탐욕이었으며, 이성은 그들의 행위에서 엄청난 역할을 했지만 도구적인 이성으로서 끔찍하고 불법적인 욕구를 이루는 수단에 불과하다고 주장하고, 나아가 그들이 획득한 명예와 엄청난 부를 지적하면서 그 주장을 뒷받침할 그럴듯한 사례를 꾸며낼 수있을지도 모른다. 그러나 이 체제들 가운데 적어도 일부의 배후에 있는 실재 원동력은 뒤틀린 관념이지 채울 수 없는 욕구는 아니란 생각을 완전히 떨쳐버리기는 어렵다.

580d - 592b

정의가 득이 된다고 믿을 수밖에 없는 이유를 하나 제
시하여 정의로운 사람이 불의한 사람보다 훨씬 행복하다
는 것을 증명한 소크라테스는 정의로운 삶이 가장 즐겁다
는 결론을 뒷받침할 두 번째 논증을 전개한다. 이 세상에는
진리를 사랑하는 부류, 명예를 사랑하는 부류, 이득을 사랑
하는 부류의 사람이 있다. 이들은 각각 가장 소중하게 여기
는 것에서 가장 큰 쾌락을 얻고 가장 좋은 삶은 가장 큰 쾌
락을 주는 삶이라고 생각하지만, 단 한 부류의 생각만 옳
은 것으로 증명될 수 있다. 실제로 세 가지 삶이 주는 쾌락
을 모두 경험해 본 철학자만이 어느 삶이 가장 좋은지 판단
할 위치에 있는 것이다. 따라서 우리는 진리를 추구하는 쾌
락이 가장 큰 쾌락이라는 철학자의 말을 믿어야 한다. 그의
판단이 옳다면, 정의로운 영혼(즉 이성의 욕망 충족을 목표
로 삼는 영혼)을 가짐으로써 얻는 쾌락이 가장 좋은 부류의
쾌락이다. 따라서 정의로운 것이 득이 된다는 것을 다시 한

번 인식할 수 있다.

철학자의 쾌락이 유일한 실재적 쾌락이며, 모든 다른 쾌락들의 본성은 고통(괴로움)의 유예일 뿐이지 순수한 쾌락이 아니다. 다른 욕망들은 결코 완전히 충족될 수 없기 때문에 다른 쾌락들은 실재적인 쾌락이 아니며, 우리가 할 수 있는 일이라곤 기껏해야 그 갈망들을 잠시 풀어 결핍의 고통을 멈추는 것뿐이다. 그러나 철학적 욕망은 선의 형상을 파악하고 이해함으로써 완전히 충족될 수 있다.

철인군주가 품는 지혜에 대한 사랑과 이성에서 가장 멀리 떨어진 것이 애욕적이며 참주적인 욕망이다. 따라서 참되고 자기에게 어울리는 쾌락에 가장 가까운 사람은 철인군주이며, 가장 먼 사람은 참주다. 소크라테스는 이제 군주가 참주보다 729배 더 즐겁게 살아간다고 계산한다. 그러나 이 수치는 말 그대로 진지하게 받아들일 것이 아니라, 정의로운 사람이 정의롭지 못한 사람보다 그 정도로 즐겁다는 것을 나타내기 위한 비유라고 생각하면 된다.

끝으로 소크라테스는 정의로운 사람과 정의롭지 못한 사람에 대한 초상화를 두 가지 더 제시하여 제2권에서 제시했던 왜곡된 초상화들과 바꾼다. 우리 각자의 몸속에 머리가 여러 개인 야수, 사자, 사람을 품고 있다고 상상해 보자. 정의롭지 못하게 행동하는 사람은 머리가 여러 개인 야수와 사자는 잘 먹여 강하게 만들지만, 사람은 굶겨서 약하게 만들어 다른 두 짐승이 이끄는 대로 끌려갈 수밖에 없게 만들고, 그 세 부분이 서로 친해지지 못하고 싸우다가 서로 잡아먹게 내버려둔다. 정의로운 사람은 세 부분 가운데 사람의 힘이 가장 강해서 야수와 사자를 사육하듯이 돌보고 먹이를 주면서 유순한 머리들은 길들이고 사나운 머리들은 자라지 못하게 하며, 사자를 친구로 삼아 모두를 함께 돌보며 서로 화목하게 지내도록 한다. 소크라테스는 방종(무절제), 사치, 나약함, 비겁, 비굴함 등의 여러 악들을 제시하고, 각자의 몸속에 있는 세 부분이 조화를 이루지 못하면 생길 수밖에 없다는 것을 보여준다.

누구나 신적인 이성의 지배를 받는 것이 가장 낫다. 그런데 그런 이성이 자기 자신 속에 있으면 가장 좋겠지만, 그렇지 않다면 외부로부터 이성이 부과되는 것도 좋다. 그것이 법을 제정하는 목적이다. 트라시마코스의 주장처럼 법은 사람들에게 해를 끼치기 위한 것이 아니라 돕기 위한 것이며, 이성적인 부분이 영혼을 지배할 만큼 강하지 않은 사람들에게 이성을 떠맡기는 것이다.

: 풀어보기

플라톤이 분명히 밝힌 목표는 정의가 보상을 안겨주지 않더라도 훌륭하다는 것을 증명하는 것이었다. 제9권에서는 정의가 정확히 그런 이점들 때문에 가치가 있다고 주장한다. 정의는 가장 즐거운 삶에 도움이 된다는 것이 그의 논증이라면 그는 약속들을 지키지 못하는 셈이 된다.

　사실 플라톤은 제7권에서 정의의 가치를 옹호하는 논증을 폈다. 이렇게 읽으면, 정의의 참된 가치는 정의가 우주가 지닌 모든 가치의 근원인 형상들과 연관되는 것에서 비롯된다. 형상들이 궁극적인 선이고, 정의는 그 형상들을 찾고, 파악하고, 모방하는 것을 포함하기 때문에 정의도 좋은 것이고 정의로운 삶도 가치가 있는 것이다. 아리스토텔레스는 이런 해석을 선호했으며, 노스웨스턴 대학교의 리처드 크라우트 같은 철학자는 그 해석을 되살리려고 했다. 크라우트 교수는 인간의 삶을 선하게 만들고 인간적 가치를 정말 훌륭하게 만드는 것은 외부의 절대적인 선, 즉 형상들과의 연계라는 것이 플라톤의 생각이라면서, 이 같은 견해를 신이 최고선이며 신을 삶 속으로 가져오는 것이 각자의 삶에 가치를 부여하는 것이라는 기독교적 세계관과 삶이 자연과 자연 질서로부터 단절되지 않아야 훌륭해진다는 19세기의 낭만주의적 견해들과 비교한다. 이 모든 사례들에서는 인간의 선은 보다 높고 우리 외부에 존재하는 어떤 최고선과의 관계에 있다.

　선의 형상에 대한 지식이 정의로운 삶을 훌륭하게 만드는 것이라면, 철학자만 훌륭한 삶을 사는 것인가? 만약 형상들이 모든 가치의 근원이고 철학자들만 형상들과 어울릴 수 있다면, 다른 사람들에 대해서는 어떤 말을 할 수 있을까? 그들은 선한 삶을 살 가능성이 전혀 없을까? 이 질문에 대해 플라톤은 누구든 영혼을 질서가 잡히고 조화롭게 하면 어느 정도는 영혼을 형상들 쪽으로 끌고 갈 수 있다고 대답할 것이다. 다시 말해, 인간은 정의로움으로써—이성이 기개와 욕구를 다스리게 함으로써—심지어 지성으로는 결코 형상들을 파악하지 못하더라도 훌륭한 삶을 살아간다.

제10권

595ᵃ - 621ᵈ

소크라테스는 정의의 의미를 규정하고 정의가 훌륭하다는 것을 증명했다. 따라서 이제 〈국가〉의 핵심적인 논증을 마친 셈이기 때문에 미뤄두었던 문제, 즉 사람들을 다룬 시와 관련된 문제로 돌아가 시인을 도시로부터 추방하는 놀라운 반전을 보여준다. 시인들이 건전하지 못하고 위험하다고 간주할 이유는 세 가지다. 첫째, 시인들은 온갖 종류의 일을 다 아는 척하지만, 실제로는 아는 것이 없다. 일반적으로 그들은 집필(모방) 대상에 대해 모두 알고 있다고 생각하지만 사실은 그렇지 않고, 그들이 다루는 것들은 알려질 수 없는 것, 즉 가장 실재적인 것들과는 동떨어진 영상들이다. 진리와 멀리 떨어진 장면들을 제시함으로써 영혼들을 타락시켜 가장 실재적인 것들로부터 아무것도 아닌 것을 향하게 만드는 사람들이 시인이다.

더욱 나쁜 것은 시인들이 그리는 영상들은 영혼의 선

한 부분을 모방하지 않는다는 점이다. 영혼의 이성적인 부분은 고요하고 흔들리지 않으며, 모방이나 이해가 쉽지 않다. 시인들은 최악의 부분들—화를 잘 내며 다채로운 기질들—을 모방하기 때문에 시는 자연스레 영혼의 나쁜 부분들에 호소하여 이 저속한 요소들을 일깨우고 배양하고 강화하는 한편, 이성적인 부분에 기력을 쏟지 못하게 만든다.

시는 최상의 영혼들까지 타락시키며, 우리를 속여 깊은 슬픔에 잠긴 사람들, 지나치게 욕심 많은 사람들, 천박한 것들을 보고 웃는 사람들에게 동조하게 만들고, 심지어 이런 천박한 감정들을 간접적으로 느끼도록 부추긴다. 우리는 이런 감정에 빠지더라도 실제 삶이 아니라 허구적인 인물들과 관련된 것에 불과하기 때문에 부끄러워할 이유가 없다고 생각하지만, 여기서 느끼는 감정이 우리 자신의 삶으로 옮겨져 배양되고 강화되면, 우리 자신의 삶을 다룰 때도 지배자가 되면서 우리는 무대 위의 배우나 서사시의 인물들처럼 괴상한 사람이 되어버린다.

시의 분명한 위험에도 불구하고 소크라테스는 시인들을 추방해야 한다는 사실을 애석하게 여기면서 이러한 심미적인 희생에 대한 아쉬움을 버리지 못하고 누군가가 시가 즐거움을 줄 뿐만 아니라 도시의 체제와 우리의 삶을 위해서도 이롭다는 논증만 제시할 수 있다면 그들을 기꺼이 도시로 돌아오게 하겠다고 말한다.

이어 소크라테스는 영혼의 불멸성에 대해 간단한 증거를 제시한다. X는 X에게 나쁜 것에 의해서만 파괴될 수 있다는 것. 영혼에 나쁜 것은 불의와 다른 악들이지만, 불의와 다른 악들이 영혼을 파괴하는 것은 분명히 아니다. 만약 그렇다면, 참주들과 같은 사람들이 그토록 오랫동안 살아남을 수는 없을 것이다. 따라서 어떤 것도 영혼을 파괴할 수 없으며, 영혼은 영원불멸이다.

이제 비로소 정의를 옹호하는 마지막 논증을 펼칠 수 있게 된 소크라테스는 에르의 신화에 근거하여 정의로운 영혼이 다음 생에서 받게 될 보상들에 호소한다. 에르라는 전사는 전투를 하다가 죽었지만, 열이틀 후 화장을 위한 장작더미 위에서 되살아나 저승에서 본 이야기를 전해 준다. 육신을 벗어난 영혼이 저승으로 보내져 그곳에서 본 것을 지상에 전할 수 있도록 덕, 특히 지혜를 보상하는 종말론적 체계를 관찰하고 돌아온 것이다. 에르에 따르면, 사람들은 생전의 선행이나 악행에 대해 1,000년 동안 천국에서 복을 받거나 지옥에서 벌을 받은 후, 천국과 지옥에 공통으로 속한 지역으로 나와 생에서 동물로 살지 사람으로 살지를 선택하고, 그 삶이 다시 그 다음 세상에서 복을 받을지 벌을 받을지를 결정한다. 여인들로 인해 죽게 되어 여성에게 잉태되기가 싫어 백조의 삶을 선택한 오디세우스를 포함하여 생전에 철학적이었던 사람들만 정의로운 삶을 선택하는 방

법을 이해하고, 나머지 사람들은 모두 주기마다 행복과 불
행 사이를 오락가락한다.

드디어 제10권에서는 철학에 근거한 교육과 시에 근거
한 전통적인 교육을 대립시킨다. 지금까지는 철학과 철학
자를 정당화했으므로 이제는 그 경쟁자들―당시에 가장 슬
기롭고 지식이 많은 사람들로 여겨지던 시인들―과 관련시
켜 보여주는 것.

상과 벌에 호소하는 에르 신화는 플라톤이 이전에는
무시한 동기들에 근거한 논증을 대표한다. 글라우콘과 아
데이만토스는 각별히 이런 요인들을 끌어들이지 말고 정의
를 찬양하라고 요청했었다. 플라톤은 도대체 왜 정확히 그
들이 하지 말라고 한 일을 하는 것일까?

앨런 블룸은 이 신화를 포함시킨 것은 철학적인 덕과
시민적인 덕의 구별과 관련이 있다고 암시한다. 철학적인
덕은 철학자가 보유하는 덕의 종류인데, 평범한 시민의 덕
과는 다르다. 지금까지 플라톤은 철학적인 덕이 그 자체로
가치가 있다는 것만 증명했을 뿐이고, 시민적인 덕의 가치
는 보여주지 않았기 때문에 글라우콘과 아데이만토스를 비
롯하여 철학적 덕을 보유할 수 없는 많은 사람들에게 그들

나름의 덕을 추구할 이유를 제시해 주어야 한다는 것이다. 따라서 철학적인 덕과 시민적인 덕의 대비를 염두에 두고 정의로운 삶과 정의롭지 못한 삶이 1,000년 동안 받게 될 상과 벌의 주기들을 묘사하고 있다는 것.

그러나 우리가 어떠한 덕을 가치 있게 만드는 것, 즉 덕과 형상들의 연계성을 이해했다는 사실은 플라톤이 두 종류의 덕의 가치를 충분히 증명했다는 말이 된다. 형상들을 모방할 뿐만 아니라 형상들을 목표로 하고 형상들과 어울리는 철학적 덕이 더 훌륭할지 모르지만, 시민적 덕도 영혼에 질서와 조화를 세움으로써 삶속으로 형상들을 가져오기 때문에 훌륭하다.

블룸에 의하면, 플라톤이 에르의 신화를 포함시킨 이유를 설명해 주는 그럴듯한 가설이 또 하나 있는데, 우리가 이해하는 정의의 가치와 잘 맞아떨어진다. 에르의 신화는 철학의 필요성을 재차 예증한다는 것. 시민적 덕들만으로는 충분하지 않다. 철학자들만이 영혼을 이해하고 무엇이 선한 삶과 악한 삶에 도움이 되는지 알고 있기 때문에 올바른 새로운 삶을 선택할 방법을 알고 있는 사람은 그들뿐이다. 그렇지 못한 사람들은 올바로 선택할 때도 있고 잘못 선택할 때도 있으며, 좋은 삶과 비참한 삶 사이를 오르락내리락한다. 모든 영혼은 새로운 삶을 선택할 책임이 있기 때문에 개개인은 정의롭거나 정의롭지 못한 것에 대해 전적으로 책임

을 져야 한다. 우리는 무엇이 정의로운 영혼이나 정의롭지
못한 영혼에 도움이 되는지 모르기 때문에 기꺼이 정의롭
지 않은 것을 선택한다. 그렇다면 무지는 유일하게 진정한
죄악이고, 철학은 유일한 치료제다.

Review

Quotable Quotes

다음은 주요 인용구 해설입니다.

1. 그러니 각자가 타고난 성향에 적합한 한 가지 일만, 그리고 적기에 하면서 다른 사람들의 일을 해야 하는 것에서 벗어난다면, 더 많고 더 좋은 상품들이 더 쉽게 생산될 수 있다는 말일세.(370c)

    — 제2권의 전문화 원리에 대한 소개다. 플라톤이 제시하는 정치적 정의는 누구나 타고난 본성에 가장 적합한 일을 하고 다른 일에는 관여하지 않아야 한다는 원리로 집약될 수 있다. 도시가 정의로우려면 생산자들은 천성(즉 농부는 농사, 목수는 목공, 화가 그림, 의사는 치료)에 맞는 일에 종사해야 하며, 전사들은 싸워야 하고, 철학자들은 통치해야 한다.

2. 아름다운 것들은 믿으면서도 아름다움 자체는 믿지 않고 그것에 대한 지식으로 이끄는 사람을 따르지 못하는 사람에 대해서는 어떻게 생각하는가? 자네는 그런 사람이 깨어 있는 상태가 아니라 꿈속에서 살고 있다고 생각하지 않는가? 깨어 있든 잠들어 있든, 어떤 것과 닮은 것을 닮은 것이 아니라 사물 그 자체라고 생각하는 것은 꿈을 꾸고 있는 것이 아니겠는가?(476c)

    — 제5권에서 소크라테스는 모습들과 소리들의 애인인 사이비 지성인과 참된 철학자의 차이에 대해 설명한다. 모습들과 소리들의 애인은 주변의 감각할 수 있는 대상들을 가장

실재적인 것들로 간주하고, 가지적인 영역에는 더 높은 수준의 실재가 있다는 것을 깨닫지 못한다. 특히 그런 사람은 스스로 아름다움에 관한 전문가입네 하고 떠벌이면서도 정작 모든 감각할 수 있는 아름다움의 원인인 아름다움의 형상 같은 것은 생각하지도 못한다.

3. 그들(천성적으로 선장에는 적합하지 않은데도 선장이 되려고 온갖 술수를 부리는 난폭한 사람들)은 참된 선장이라면 사계절, 하늘, 별, 바람을 비롯하여 그의 기술과 관련된 모든 것에 반드시 관심을 기울여야 한다는 것을 알지 못하네. 그리고 남들이 그에게 원하든 않든 배를 어떻게 조종해야 할지를 결정하게 해줄 어떤 기술이 존재한다거나, 동시에 항해의 기술로서 그 기술에 정통하게 되거나 그 기술을 익힌다는 생각을 하지 못한다네. 이런 식의 생각이 팽배한 배의 선원들은 참된 선장을 실제로 별이나 쳐다보는 사람, 떠버리, 아무런 쓸모도 없는 작자 등으로 부를 것이라고 생각하지 않는가?(488d-e)

— 제6권에서 현실의 철학자들은 사악하거나 쓸모없는 사람들뿐이라는 아데이만토스의 지적에 대해 소크라테스는 항해술을 모르는 난폭한 사람들에 의해 지배되는 배의 비유를 통해 훌륭한 사람이 당장의 상황에서는 필시 쓸모없게 여겨진다는 것을 증명하고자 한다. 당시의 아테네 사람들은 참된 지식의 가치를 귀하게 여기지 않았으며, 심지어 가능하지도 않다고 생각했다. 따라서 참된 철학자가 반드시 해야 하듯, 참된 지식을 추구하고 찬양하는 삶을 살고자 하는 사람이라면 쓸모없는 바보로 간주되었다.

4. 그러나 일단 그것(선의 형상)을 보고 나면, 올바르고 아름다운 모든 것의 원인이요, 가시적 영역에서 빛뿐만 아니라 그 빛의 근원도 낳고, 가지적 영역에서는 진리와 이해를 통제하고 제공하여 사적으

로나 공적으로나 현명하게 행동하려고 하는 사람은 반드시 그것(선의 형상)을 보아야 한다고 결론을 내려야 한다네.(517c)

— 제6권에서 소크라테스는 지식의 궁극적 목표인 선의 형상을 묘사한다. 선의 형상은 다른 모든 형상들—가지적 영역 전체, 가지성 자체, 알 수 있는 인지적 역량—의 근원이다. 소크라테스는 선의 형상을 분명하게 묘사하지 못하지만, 태양에 비유함으로써 그 의미를 전달하려고 한다. 우리는 선의 형상을 파악해야 비로소 인지의 최고 단계인 이해에 이르게 된다. 수호자가 이 마지막 단계에 이르면 마침내 철인군주가 될 준비를 갖춘 것이 된다.

5. 욕정의 참주 아래서 그는 깨어 있을 때도 언제나 지난날에는 잠들었을 때나 가끔씩 되곤 했던 그런 사람이 되어 있는 것일세.(574e)

— 제9권에서 소크라테스는 참주정체적인 사람의 모습을 심리학적인 통찰력으로 길게 묘사하고 있다. 참주정체적인 사람은 정상인에게서는 꿈을 꿀 때나 가끔 나타날 뿐인 불법적인 욕망들의 지배를 받는다. 그를 이 악몽과도 같은 길로 이끌고, 끊임없이 더 심한 일탈을 부추기는 것은 애욕적인 갈망이다. 소크라테스는 욕정이야말로 가장 지독한 참주이기 때문에 선량한 사람들이라면 반드시 피해야 할 위험한 감정이라고 생각한다.

저서명: The Republic

저자: 플라톤 Plato

철학 사조: 플라토니즘 Platonism

집필 언어: 고대 그리스어

집필 시기와 장소: 기원전 380년 아테네

화자(話者): 소크라테스가 플라톤의 대변인 역할을 한다.

다루는 철학 분야: 정의를 규정하고 옹호하는 데 주력하면서도 결코 윤리와 정치철학에 국한하지 않고, 인식론과 형이상학에 대해서도 대담하고 훌륭한 이론을 제시한다.

반대하는 철학 사조: 궤변론 Sophism

유사 주제에 관한 플라톤의 저서: 정치 이론에 대해 더 알고 싶으면 〈법률 Laws〉 참고. 형상이론에 대해 더 알고 싶으면 〈메논 Meno〉, 〈파이돈 Phaedo〉, 〈향연 Symposium〉 참고.

다음 질문에 대해 간단히 서술하시오.(—부분은 참고만 할 것)

1. 글라우콘이 기게스의 반지 신화를 언급하는 이유는? 이 신화를 통해 우리의 어떤 직관을 일깨우려고 하는가?

— 제2권에서 글라우콘은 정의에 대한 문제 제기를 강화하여 소크라테스가 이 책 나머지 부분에서 답을 할 수밖에 없도록 만들려고 한다. 그는 사람들이 정의를 그 자체로서가 아니라 그 결과들 때문에 추구하는 종류의 선이라고 주장한다. 정의란 두려움과 나약함 때문에 짊어질 수밖에 없는 필요악이며, 우리 모두가 상대의 정의롭지 못한 행동들에 의해 고통당할 수 있기 때문에 사회적 합의를 통해 정의롭게 행동함으로써 더 큰 피해를 피한다는 것. 그러나 보복을 피할 가능성이 있다면 누구라도 정의롭기보다는 정의롭지 않은 쪽을 선택하리라는 것.

이런 취지를 예증하기 위해 제시하는 신화가 기게스의 반지다. 이 반지에는 소지자를 투명인간으로 만드는 마력이 있다. 글라우콘이 이 반지를 언급하는 이유는 제 아무리 정의로운 사람이라도 보복이 두려워 정의롭게 행동하는 것이라고 주장하기 위해서다. 즉 (남의 눈에 보이지 않을 때처럼) 처벌당하지 않고 부정하게 행동할 수만 있다면, 정의롭지 못하게 행동하리라는 것.

글라우콘 자신은 정의는 필요악이 아니며, 그 자체와 그 결과들 모두를 위해 추구하는 최고 형태의 선이라고 생각하면서 소크라테스가 그런 취지로 반박할 수 없는 논증을 제시해 주었으면 하고 바라는 것이다.

2. 플라톤은 왜 영혼에는 세 부분이 있다고 장황하게 증명하는가? 그가 왜 영혼의 세 양상을 필요로 하는지, 그리고 왜 그 양상들이 서로 구별되고 독립적이어야 하는지 설명하라.

— 플라톤은 '정의'라는 말을 사회와 개인에 모두 적용하며, 〈국가〉에서의 전반적인 전략은 정치적 정의의 개념을 먼저 설명한 다음, 거기에서 개인적 정의의 개념을 이끌어내는 것이다. 그는 정치적 정의가 본질적으로 구조적이라고 규정한다. 사회는 세 계급—생산자들, 조력자들, 수호자들—으로 구성되고, 정의로운 사회는 이들 사이의 올바르고 고정된 관계들을 통해 이루어진다. 각 집단은 자신에게 가장 적합한 일을 맡아 오로지 그 일만 해야 하고, 다른 두 집단과의 관계에서 올바른 힘과 영향력을 갖는 위치에 있어야 한다.

플라톤은 제4권에서 세 계급이 사회를 구성하듯 개인의 영혼도 그와 비슷한 세 부분으로 구성된다는 것을 증명한다. 정의로운 개인은 정의로운 도시와 유사하게 규정될 수 있고, 영혼의 세 부분은 힘과 영향력의 필수불가결한 관계 속에서 고정되어 있다.

따라서 플라톤은 영혼에 세 부분이 있다는 것을 보여줄 필요가 있지만, 개개인에게 존재하는 세 가지 형태의 욕망이 욕망의 세 가지 독립적인 근원과 상응한다는 점을 증명하는 것이 왜 그에게 그토록 중요한 일인지는 여전히 의문스럽다.

부분들을 구별하면 세 형태의 욕망들이 동시에 작용할 수 있고 대립과 조화 모두에서 공존할 수도 있게 된다. 정치적 정의는 구조적 특성인데, 세 계급 사이에 요구되는 관계를 깨닫는 것이 관건이다. 정치적 조화를 이루어내는 그 관계는 음악적 화음을 이루어내는 수학적 비율과 똑같은 의미에서 고정적이고 정적(靜的)이다. 따라서 정의로운 개인에게서도 마찬가지로 비록 욕망은 생겨나고 사라지더라도 다른 경향을 지닌 욕망들 사이의 관계는 고정적이고 영원하다.

3. 왜 플라톤은 시인들을 도시에서 추방하는가?

— 정의의 의미를 규정하고 그것의 가치를 입증한 소크라테스는 비판의 눈길을 시인들에게로 돌려 거의 모든 시를 그의 도시에서 추방하는 놀라운 조치를 연출한다.(신들에 대한 찬가와 유명한 인물들에 대한 송가는 제외) 플라톤은 시인들의 추방이 안타까운 심미적인 희생이라며 이런 평결을 못내 아쉬워하면서도 도시의 더 큰 선을 위해서는 불가피한 일이라고 생각한다. 그들이 도시에는 너무 위험한 존재들이기 때문이다. 그는 가혹한 판단을 내리게 된 세 가지 이유를 제시한다.

첫째, 시인들은 가장 실재적이지 않은 것들을 다룬다. 그들의 작품들은 허상들, 그림자들, 반영들이고, 그 대상들은 소크라테스의 말을 빌면 '실재'로부터 멀리 떨어진 것들이다. 우리는 '실재'를 통해 가지적 영역의 불변하고 절대적인 것, 즉 형상들을 이해한다. 형상들의 불완전하고 가변적인 모사물인 나무, 의자, 탁자, 꽃들 따위의 감각할 수 있는 개별자들은 가장 실재적인 형상들의 영역으로부터 한 단계 떨어져 있으나 시의 산물들은 이처럼 한 단계 떨어진 대상들의 모방에 불과하다. 더군다나 시인들은 해박한 지식의 소유자일 것이란 믿음이 팽배해 있지만, 형상들만 지식의 대상이 될 수 있기 때문에 실제로는 아는 것이 전혀 없다.

게다가 시인들은 영혼의 가장 나쁜 측면들을 모방하고 있다. 영혼의 이성적인 부분은 모방하기도 어렵고 이해하기도 어렵기 때문에 이성적인 부분을 모방하지 않고, 영혼의 욕구적인 부분을 모방하며 주로 웃음과 값싼 감흥들로 그 욕구들을 채우려고 한다.

무엇보다도 최악인 점은 시는 영혼을 타락시켜 욕구적인 부분은 강화하고 이성적인 부분은 약화시킨다. 시는 우리에게 연민, 천박한 농담 즐기기, 성적 갈망에 대한 동감 따위의 감정들을 탐닉하도록 부추긴다. 우리는 이런 감정들을 직접 느끼는 것이 아니라 허구적인 인물들을 통해 간접적으로 느끼기 때문에 안전하다고 믿지만, 일단 이런 감정들이 지배하도록 내버려두기 시작하면 걷잡을 수 없다는 것을 깨닫지 못한다. 그 결과, 머지않아 우리는 스스로에게 연민을 갖게 되고, 우리 자신의 삶에서 일어나는 천박한 사건들을 즐기며, 직접 성적 갈망을 느끼게 된다. 욕구적인 부분이 이성적인 부분을 지배하기 시작하면서 우리는 정의롭지 못해지는 것.

4. 정의가 '더 강한 자의 이득'에 불과하다는 트라시마코스의 단언에 담긴 진의는 무엇인가? 이 진술에 대한 당신의 해석이 어떻게 〈국가〉가 맞서 풀어가려는 난제의 대용(代用)이 되는지 설명할 것.

5. 왜 플라톤은 수호자들이 재산을 공유해야 한다고 생각하는가?

6. 플라톤에 의하면, 철인군주를 최선의 통치자로 만드는 것은 무엇인가? 그의 분석에 동의하는가?

7. 플라톤이 동굴의 우의를 통해 예증하려는 것은? 우리는 이 확장된 유추로부터 일차적으로 어떤 결론들을 이끌어내야 하는가?

8. 플라톤의 정의로운 도시는 세 단계를 거쳐 발전한다. 그 단계들을 적고, 각 단계가 필요한 이유를 설명하라. 정의는 이 세 단계 가운데 어느 단계에 위치하는가? 그 이유는?

9. 애욕적 사랑에 대한 플라톤의 견해는? 그가 상술하는 다섯 가지 인물 유형 가운데 애욕적 사랑과 가장 관계가 깊은 유형은? 제3권의 성적 활동에 관한 논의와 관련지어 설명할 것.

10. 플라톤이 에르의 신화를 다루면서 〈국가〉를 끝내는 이유는?

다음 질문에 알맞은 답을 고르시오.

1. 〈국가〉에서 플라톤이 이루려고 하는 목표는?

   A. 정의를 규정하는 것

   B. 정의가 그 자체만으로도 훌륭하다는 사실을 증명하는 것

   C. 정의가 '더 강한 자의 이득'에 불과하다는 사실을 증명하는 것

   D. 정의를 규정하고 정의가 그 자체만으로도 훌륭하다는 사실을 증명하는 것

2. 소크라테스의 대화상대자들 가운데 정의가 더 강한 자의 이득에 불과하다고 주장하는 사람은?

   A. 아데이만토스

   B. 트라시마코스

   C. 글라우콘

   D. 폴레마르코스

3. 다음 용어 가운데 트라시마코스를 가장 잘 묘사하는 말은?

   A. 플라톤주의자

   B. 소크라테스 이전 철학자

   C. 궤변론자

   D. 정치가

4. 기게스의 반지를 끼는 사람에게는 어떤 일이 생기는가?

   A. 눈에 보이지 않는다.

   B. 무적이 된다.

   C. 최대한 정의로워진다.

   D. 만지는 것마다 황금이 된다.

5. 글라우콘에 따르면, 대다수의 사람들이 정의로 보는 것은?

    A. 그것 자체만으로 욕망의 대상이 되는 재화

    B. 그 결과들로 인해 욕망의 대상이 되는 재화

    C. 그 자체와 그 결과들로 인해 욕망의 대상이 되는 재화

    D. 욕망의 대상이 되지 않는 재화

6. 소크라테스에 의하면, 모든 인간 사회의 바탕이 되어야 할 근본적인 원리은?

    A. 전문화 원리

    B. 능력에 따라 일하고 필요에 따라 받는다.

    C. 절제

    D. 명예에 대한 사랑

7. 소크라테스가 묘사하는 최초의 도시에 해당하지 않는 용어는?

    A. 건전한 도시

    B. 사치스런 도시

    C. 돼지들의 도시

    D. 필연적인 욕망들의 도시

8. 다음의 사회 계층들 가운데 최초의 도시에 사는 계층은?

    A. 생산자들

    B. 조력자들

    C. 철인군주들

    D. 세 가지 전부

9. 전사들의 교육에서 중요한 양상이라고 생각되지 않는 것은?

    A. 시

    B. 음악

C. 신체 단련

D. 변증술

10. 전사들을 교육시키는 목표는?

A. 최대한 사납게 만드는 것

B. 최대한 철학적으로 만드는 것

C. 최대한 명예를 사랑하게 만드는 것

D. 사나운 성격과 온순한 성격이 적절히 균형을 유지하도록 만드는 것

11. 플라톤이 영혼의 양상으로 생각하지 않은 것은?

A. 욕구적인 부분

B. 기개적인 부분

C. 이성적인 부분

D. 감동적인 부분

12. 다음의 진술들 가운데 옳지 않은 것은?

A. 개인적 차원의 정의는 사회적 차원의 정의와 정확히 대응한다.

B. 정의로운 개인의 경우, 영혼 전체가 하나의 거대한 이성적인 부분이다.

C. 정의의 배후에 있는 지침 원리는 조화다.

D. 정의로운 개인의 경우, 영혼 전체가 이성적인 부분의 욕망들을 채우려고 한다.

13. 수호자들의 생활방식을 나타내는 특징이 아닌 것은?

A. 사유 재산을 소유하지 않는다.

B. 1년에 몇 번만 짝을 짓는다.

C. 독신이다.

D. 어느 아이가 자기 자식인지 모른다.

14. 정의로운 도시의 시민들 사이에 금속 신화를 퍼뜨리는 주된 목적은?

A. 모든 시민이 통치해야 할 사람에 대해 동의하게 만들기 위해

B. 통치자들이 부를 추구하지 못하게 하려고

C. 모든 시민이 서로를 친척으로 보게 하려고

D. 전사들이 그들의 도시를 적에게 넘겨주기보다는 죽음을 선택하게 하려고

15. 도시에서 여성은 어떤 역할을 하는가?

A. 생산 계급에만 국한된다.

B. 그들 자신의 사회 계급에 속한다.

C. 〈국가〉에서 전혀 언급되지 않는다.

D. 여성도 남자들의 역할들을 모두 맡는다.

16. 모습들과 소리들의 애인이 철학자와 다른 점은?

A. 형상들을 알아보지 못한다.

B. 아름다움에만 치중할 뿐 선에는 관심이 없다.

C. 형상들의 존재는 알지만, 주변의 감각 세계에서 보는 것들과 연결시키지 못한다.

D. 아름다운 것은 모두 추악하기도 하다는 것을 모른다.

17. 소크라테스에 따르면, 철인군주가 맨 나중에 공부해야 하는 과목은?

A. 수학

B. 변증술

C. 선의 형상

D. 아름다운 것의 형상

18. 소크라테스가 선의 형상에 비교하는 것은?

A. 선(線)

B. 태양

C. 동굴

D. 불

19. 소크라테스에 따르면, 인지적 활동에서 제일 낮은 단계는?

A. 상상력

B. 믿음

C. 사유

D. 혼돈

20. 사유와 이해(오성)의 차이는?

A. 이해는 영상과 가설들을 보조도구로 이용하지만, 사유는 그렇지 않다.

B. 이해는 형상들에 관해 추론하는 반면, 사유는 그렇지 않다.

C. 사유는 영상과 가설들을 보조도구로 이용하지만, 이해는 그렇지 않다.

D. 사유는 형상들에 관해 추론하는 반면, 이해는 그렇지 않다.

21. 소크라테스가 동굴의 비유를 통해 전달하고자 하는 것은?

A. 교육이 영혼에게 미치는 영향

B. 가지적 영역이 영혼에게 미치는 영향

C. 가시적 영역이 영혼에게 미치는 영향

D. 철인군주가 거쳐야 하는 도덕적 성장 단계들

22. 모든 시험을 거친 수호자는 몇 살에 철인군주가 되는가?

A. 30세

B. 40세

C. 50세

D. 60세

23. 플라톤이 철인군주가 도시를 다스리기에 가장 적합하다고 말하는 이유는?

    A. 지식이 있기 때문에

    B. 가장 정의롭기 때문에

    C. 그만이 다스리고 싶어하지 않기 때문에

    D. 세 가지 모두

24. 소크라테스가 민주정체를 보는 태도와 가장 가까운 것은?

    A. 이론적으로 가장 이상적인 정부 형태지만, 실제로는 적용될 수 없다.

    B. 이상적인 정부 형태이므로 반드시 실시되어야 한다.

    C. 무정부적이고 무질서한 정부 형태이며, 비참함에서는 참주정체에 버금간다.

    D. 가장 비참한 정부 형태다.

25. 철학자의 쾌락이 가능한 쾌락 가운데 가장 크다는 것을 어떻게 아는가?

    A. 유일하게 판단할 위치에 있는 철학자가 그렇다고 말하기 때문

    B. 그것이 우리의 정의 이론과 일치하기 때문

    C. 그렇지 않다면, 정의로워도 가치가 없을 것이고, 또 우리가 그렇다는 것을 알기 때문

    D. 에르의 신화 때문

정답

1. D   2. B   3. C   4. A   5. B   6. A   7. B   8. A   9. D   10. D

11. D   12. B   13. C   14. A   15. D   16. A   17. C   18. B   19. A   20. C

21. A   22. C   23. D   24. C   25. A

一以貫之
논술
노트

정의로운 사회의 조건과 한계　O

실전 연습문제　O

一以貫之는 '논어'에 나오는 말로 '모든 것을 하나의 이치로 꿸다'는 뜻입니다.

논술의 주제와 문제 유형, 제시문들은 참으로 다양하고 가지각색입니다. 그러나 그 모든 것을 하나로 꿸 수 있습니다. '인간사회의 보편적 문제들에 대한 근원적인 물음에 답하는 자기 나름의 견해'라는 것이지요. 논술은 인간이면 누구나 부닥치는 개인적 또는 사회적 문제들에 대한 자기 나름의 고민이자 성찰입니다. 논술은 자기견해, 자기 가치관, 자기 삶에 대한 솔직한 고백입니다.

一以貫之 논술연구모임은 '자신의 물음'과 '자신의 생각'을 갖고 '자신의 글'을 쓸 수 있도록 도와줍니다.

〈집필진〉
우효기, 김규형, 김재년, 이호곤, 우한기, 박규현, 김법성, 김병학, 도승활, 백일, 조형진

정의로운 사회의 조건과 한계

영국 철학자이자 수학자인 알프레드 화이트헤드(Alfred Whitehead. 1861-1947)가 서양 철학사를 '플라톤 철학의 각주'라고 할 정도로 플라톤이 서양 철학사에서 차지하는 비중은 크다. 그 가운데에서도 〈국가〉는 형이상학, 신학, 윤리학, 심리학, 교육학, 정치학, 미학을 두루 포괄하면서 플라톤의 사상을 종합적으로 보여준다. 따라서 〈국가〉에 대한 이해는 플라톤 사상을 이해하는 첩경인 동시에 서양 철학의 핵심에 접근하는 중요한 방법이다.

〈국가〉는 플라톤의 저서가 대부분 그러하듯, 대화편으로 구성된 글이다. 대화의 주인공은 그의 스승 소크라테스이지만, 사실은 스승의 말을 빌려 자신의 사상을 말한다. 총 10권으로 구성된 〈국가〉는 정의론의 효시라고 불릴 만큼 정의, 즉 올바름에 대한 진지한 탐구로 이루어져 있으며, 정의 추구가 이상 국가에 대한 논의와 이어져 있다는 점에서 유토피아 이론의 효시라고 할 수도 있다. 제1권부터 소크라테스를 둘러싼 질문자들은 정의에 대한 나름의 주장을 펼치면서 소크라테스의 해명을 유도하는데, 그 해명은 제2권부터 제10권에 이를 정도로 집요하고 방대하다. 그 가운데 몇 가지 중요한 사항을 중심으로 〈국가〉의 의의를 정리하고, 최종적으로 그 한계까지 살펴보기로 하자.

올바른 것(정의)이란

제1권은 트라시마코스가 소크라테스의 대화상대로 등장하기 때문에 "트라시마코스"라고 부르기도 한다. 트라시마코스는 처음엔 매우 강하고 논리적으로 의견을 표출하지만, 점점 소크라테스의 논의에 맥없이 순응하는 나약한 모습을 드러낸다.

제1권의 결론은 너무도 단순한데, 오늘날에도 우리는 수시로 이러한 갈등—현실과 이상 사이의 갈등—속에서 살고 있다. 트라시마코스는 현실적으로 생각하는데, 젊어서 그럴 수도 있다. 그러나 영원한 도덕선생님 소크라테스는 한결같이 한 소리를 한다. "올바른 것은 언제 어느 때라도 어겨서는 안 돼!"라고. 그리고 이를 위해 나름대로의 논리 전개를 즐긴다. 그의 주장은 세상에 절대적으로 타당한 것이 존재한다는 보편주의적 입장 위에 놓여 있으며, 윤리학으론 절대주의 윤리설이라고 할 수 있다.

반면, 트라시마코스에게 소크라테스의 생각은 현실과 동떨어진 관념적인 생각일 뿐이다. 그렇다고 '올바름' 자체를 부정하는 건 아니다. 소크라테스처럼 관념적으로 올바른 것만을 고집할 수는 없으며, 사람들이 관념적으로 올바르지 못하다고 생각하는 일이 현실에서는 더 바람직할 수도 있다는 걸 설명한다. 이를테면, 탈세가 횡행하는 현실에서 정직하면 자기만 불이익을 당하게 되지 않느냐는 것. 올바른 납세자는 올바른 일이 현실에서 해악이 되는 대표적 사례가 된다. 오늘날 우리 사회처럼 당시도 탈세가 심했나 보다. 현대 자본주의 사회와 마찬가지로 당시의 최고 덕목 역시 자신의 이익 추구였음을 추론할 수 있다.

이런 사회현실 속에서 소크라테스의 주장은 아주 순진한 소리일지도 모른다. 그러나 현실적인 결과만 고려해서 올바른 것을 포기한다면 사회는 갈수록 혼란에 빠지고 말 것이다. 올바른 행동이 실종된 사회일수록 정의(올바름)의 가치는 더욱 커진다고 할 수 있다. 그리고 올바르지 못한 일이 더 큰 이익을 가져다주게 되는 현상이 사회구조적인 원인에서 비롯된 경우, 올바름에 대한 확고한 기준이 없다면 잘못된 사회구조는 영원히 개선될 여지가 없다. 비록 관념적일지는 몰라도 올바른 것에 대한 절대적 기준이 없다면 사람들은 올바름과 올바르지 않음을 자의적으로 판단하여 앞으로 나아갈 방향성마저 잃게 될 것이다.

소크라테스 선생, 이처럼 올바르지 못한 짓이 큰 규모로 저질러지는 경우에는, 그것은 올바름보다도 더 강하고 자유로우며 전횡적인 것입니다. 그러니 제가 처음부터 말씀드렸듯이, 올바른 것은 더 강한 자의 편익이지만 올바르지 못한 것은 자신을 위한 이득이며 편익입니다.(제1권 344ᶜ)

트라시마코스는 '올바른 것은 더 강한 자의 편익'이라는 자신의 주장을 확실히 보여주기 위해 참주(僭主)정치가와 같은 완벽한 형태의 올바르지 못한 행위자를 사례로 든다. 남의 재물과 공공의 것을 한 번에 훔치는 자들에 대해 세상 사람들은 도리어 부러워한다면서 이게 현실이라고 말하는 것. 이처럼 전면적인 불의는 좀도둑 같은 불의에 비해 사람들로부터 훨씬 인정을 받는다는 말은 서양의 경우만 있는 것이 아니다.*

이에 대해 소크라테스는 참된 통치자상을 제시하며 트라시마코스가 언급한 '더 강한 자의 편익'을 비판한다. 참

---

* **墨子** 〈墨子〉 非攻篇. "지금 작게 그릇된 짓을 하면 그것을 비난하고, 나라를 공격하는 것 같은 큰 그릇된 짓을 하면 그것을 비난할 줄은 모르고 그를 좋아 칭송하면서 그것을 의로운 짓이라 한다면 이것을 의로움과 불의의 분별을 아는 것이라고 말할 수가 있겠는가?"

된 통치자는 부득이하게 통치할 뿐 금전이나 명예 같은 불순한 목적으로 통치하는 게 아니기 때문에 훌륭한 나라에서는 서로 나라를 안 맡으려 한다는 것. 어째 고대 중국의 허유나 소부가 생각나는 대목이다.

소크라테스는 시가(음악)를 통해 트라시마코스를 설득해 나간다. 시가는 당시에 교양과 동일어였다. 시가에 능한 사람은 분별력 있는 사람이며, 의술에 능한 사람도 마찬가지고, 모든 전문 지식에 능한 사람도 마찬가지다. 똑똑한 사람은 분별력이 있기 때문에 역시 같은 똑똑한 사람과 다투지 않지만, 무식한 사람은 남을 이겨보려 한다. 따라서 전문 지식인은 지혜롭고, 지혜로우면 훌륭하다. 결국 올바른 사람은 지혜롭고 훌륭한 이를 닮았으되, 올바르지 못한 사람은 못되고 무지한 이를 닮았다. 따라서 소크라테스의 의도대로 올바름과 올바르지 못함은 본래의 위치를 찾게 된다. 즉 올바름은 훌륭함과 지혜이고, 올바르지 못함은 나쁨이며, 무지다.

소크라테스는 말, 눈, 귀 등의 기능과 혼의 기능을 동일한 선상에서 비교하며 올바른 혼과 올바른 사람은 훌륭하게(잘) 살 것이고, 올바르지 못한 사람은 잘못 살게 될 것이라고 주장한다. 이처럼 올바른 사람은 행복하되, 올바르지 못한 사람은 불행하다. 그리고 불행하다는 것은 어쨌든 이득이 아니 되나, 행복하다는 것은 이득이 된다. 고로, 올바른 사람은 이득이 되고, 올바르지 못한 사람은 이득이 안된다. 이렇게 올바름이 올바르지 못함보다도 더 낫다는 주장을 통해 소크라테스는 트라시마코스의 '올바름이 더 강한 자의 편익'이라는 말에 대해 반박한다.

소크라테스의 반박이 비록 다양한 논증과 추론을 거쳐 이루어졌지만, 그 논증이 주로 지혜나 훌륭한 삶, 영혼의 미덕 같은 추상적인 차원에서 이루어졌기 때문에 좌중의 대화상대자들을 두루 만족시키기에는 미흡한 점이 많았다. 그래서 글라우콘은 양치기 기게스의 반지 신화를 들면서 정의에 대한 보다 전면적인 논증을 펼치라고 촉구한다.

그런데 제가 말씀드리고 있는 '멋대로 할 수 있는 자유'는 가령 옛날에 리디아인 기게스의 조상이 얻었다는 힘이 이들 두 사람에게 생길 경우에 가장 제격일 것입니다. 사실 그는 당시 리디아의 통치자에게 고용된 양치기였다고 하지요. 어느 날 심한 뇌우와 지진이 있고 나서 땅이 갈라지더니, 그가 양들에게 풀을 먹이고 있던 곳에도 갈라진 틈이 생겼다지요. 이를 보고 놀라면서 그는 아래로 내려갔지요. 이윽고 그는 다른 여러 가지의 놀라운 것도 보았지만, 또한 속이 비고 자그마한 문들이 달린 청동 말 한 필을 보았고요. 그가 몸을 구부리고 문 안을 들여다보니까 보통 사람보다 더 큰 송장이 있었는데, 그 송장은 다른 것은 아무것도 걸친 게 없이 다만 손가락에 금반지를 끼고 있었고, 그는 그걸 빼 가지고 밖으로 나왔다지요.

그런데 왕에게 양들에 관한 일을 달마다 보고하기 위해서 양치기들이 늘 갖는 모임이 마침 있게 되었을 때, 그는 그 반지를 끼고서 참석했다지요. 다른 사람들과 함께 자리에 앉아 있던 그는 우연히도 반지를 손 안쪽으로 돌렸는데, 갑자기 그는 동석한 사람들에게 보이지 않게 되어, 그들은 그가 마치 자리에 없는 듯이 대화를 하였다지요. 이에 놀란 그가 반지를 만지작거리면서 밖으로 돌렸더니, 다시 그가 보이게 되었고요. 이를 알아차린 그는 과연 그 반지가 그런 힘이 있는지를 시험해 보았는데, 똑같은 일이 일어났다고 하지요. 이를 확인하게 된 그는 곧바로 왕한테로 가는 사자들 일행에 자신도 끼도록 일을 꾸며 왕궁으로 가서 왕비와 간통을 한 후에, 왕비와 모의하여 왕을 살해하고 왕국을 장악했다고 하지요.

그러니 만약에 이런 반지가 두 개 생겨서 하나는 올바른 사람이, 그리고 다른 하나는 올바르지 못한 사람이 끼게 된다면, 그런 경우에 올바름 속에 머무르면서 남의 것을 멀리하고 그것에 손을 대지 않을 정도로 철석같은 마음을 유지할 사람은 아무도 없을 것같이 생각됩니다. 말하자면 시장에서 자기가 갖고 싶은 것은 무엇이든지 두려움 없이 가질 수 있고, 또 어느 집에든지 들어가서 자기가 원하는 사람이면 누구와도 동침할 수 있다면, 그리고 또 자기가 그러고 싶은 사람이면 누구든 죽이거나 속박에서 풀어 줄 수 있으며, 또한 그 밖의 여러 가지에서 인간들 사이에 신과도 같은 존재로 행세할 수 있다면 말입니다. 이처럼 행동할진대, 그는 다른 한쪽 사람과 조금도 다를 것이 없을 것입니다. 이것이야말로 올바름이 개인적으로 좋은 것이 못되기에, 아무도 자발적으로는 올바르게 되려고 하지 않고 부득이해서 그렇게 하는 것이라는 강력한 증거로 삼을 만합니다. 누구든 뒤탈 없이 올바르지 못한 짓을 저지를 수 있다고 생각할 경우에는, 올바르지 못한 짓을 저지를 테니까요. 그건 모든 사람이 올바름보다는 올바르지 못함이 개인적으로는 훨씬 더 이득이 된다고 믿기 때문입니다. 만일에 어떤 사람이 그와 같은 자유로운 힘을 얻고서도, 올바르지 못한 짓은 아예 하려 하지도 않으며, 남의 것은 손도 대려 하지 않는다면, 이를 아는 사람들이 보기에는 이 사람이야말로 가장 딱하고 어리석은 자로 생각될 것입니다. 하지만 사람들은, 자기가 올바르지 못한 짓을 당하지 않을까 하는 두려움 때문에, 면전에서는 서로를 속이면서 그를 칭찬할 것입니다.(제2권 359ᵈ-360ᵈ)

이 신화에서 두드러지게 드러난 관점은 인간이 본래 악하다는 것이다. 옳지 않은 행위를 하면서 들키지 않을 수 있다면 누구나 옳지 않은 행위를 선택하리란 것인데, 올바르지 못함이 개인적으로 이익이 되기 때문이다.

이러한 익명성과 도덕규범의 구속력 간의 문제는 인류의 가장 고색창연한 문제임과 동시에 사이버스페이스라는 가상현실 속에서 오늘날 가장 초현대적인 혹은 포스트모던적인 문제가 되었다.* 사이버스페이스에서의 익명성에 대한 선택은 〈국가〉에서 기게스의 반지에 대한 선택과 유사한 관계에 놓여 있는 듯하다. 여기서 소크라테스가 내리는 기게스의 반지에 대한 평가는 곧 사이버스페이스 상의 익명성을 둘러싸고 벌어지는 오늘날 우리의 논의에 어떤 암시를 줄지도 모르겠다. 따라서 계속 이어지는 소크라테스의 논증을 좀더 집중해서 들어둘 필요가 있다.

아무튼 이제 기게스의 반지 신화를 듣고, 소크라테스는 인간 본성의 한계에도 불구하고 정의가 실제로 가져다주는 보상에 대해 구체적으로 설명할 필요가 생겼다. 즉 단순히 올바름이 올바르지 못함보다 낫다는 주장에 그치지 않고, 그 각각이 당사자에게 그 자체로서, 즉 신들이나 남들에게 발각되건 말건, 무슨 작용을 하기에 한쪽은 좋고 다른 쪽은 나쁜 것인지 밝힐 필요가 있었던 것이다.** 그리고 그 논증을 보다 효과적으로 전개하기 위한 방편으로 국가적 차원의 정의로 논의 범위를 확장한다. 앞의 논의에서 사용한 유비추리는 이후에도 계속 활용되는 그의 논증 방법이 된다.

---

* **박정순** 〈고도 과학기술사회의 철학적 전망〉 "익명성의 문제와 도덕규범의 구속력" 106쪽
** **플라톤** 〈국가〉 제2권 367ᵉ

철인정치론

　철학자들이 나라를 다스리는 군왕이 되거나 현재 나라를 다
스리는 군왕들이 '진실로 그리고 충분히 철학을 하게' 되지 않는
한, 즉 정치권력과 철학이 하나로 합쳐지지 않는 한, … 내 생각으
로는 나라나 인류에 '나쁜 것들의 종식'은 없다네. … 참된 철학
자란 진리를 바라보기를 좋아하는 사람들을 말하네. … 소수이고
오늘날 무용한 사람들로 불리기는 하나 결코 사악하지는 않은 이
들 철학자들로 하여금 이들이 원하건 원하지 않건 의무적으로 나
라를 관리하게 하고 나라는 나라대로 이에 따르도록 하기 전에는,
아니면 현재 권력을 장악하고 있거나 군주로서 통치를 하고 있는
당사자들 혹은 이들의 자손들이 진정으로 철학을 사랑하게 되기
전에는, 나라도 정치체제도 개인도 결코 완전해질 수 없네. 그런
데 이 둘이 혹은 어느 하나가 일어나는 것이 불가능하다고 할 어
떤 근거도 없네.(제5권 473d)

　위 글은 가장 이상적인 국가 체제를 설명하는 대목이다.
소크라테스, 아니 플라톤은 정치권력과 철학이 하나로 합쳐
진 나라, 곧 철학자가 왕이거나, 왕이 철학자인 철인-왕(철
인군주)이 다스리는 나라가 가장 이상적인 나라라고 말한다.
　그러나 철인-왕이라는 통치자의 지위에 오르기 위해
선 험난한 교육 과정을 거쳐야 한다. 17, 8세까지의 예비교

육 다음에는 3년간의 신체 및 군사 훈련을 받아야 하고, 그 후 10년간의 고등 학문 내지 수학 공부에 이어 5년간 더 철학의 최고 분야들에 대해 공부해야 한다. 이 과정에서 낙오하지 않은 이들 가운데 최종 선발된 자들은 35세가 되면 하위직에 종사할 수 있게 되고, 15년 동안 전쟁을 비롯한 정치적 통치의 경험을 통해 계속되는 단련의 과정을 거쳐야 한다.

이렇게 엄격한 통치자 수업뿐만 아니라 이들에게는 더욱 엄격한 도덕성도 요구된다. 사유 재산을 금하고 엄격한 공동체 생활을 해나가야 하며, 아내와 자식 역시 공동으로 소유해야 할 대상이었다. 통치자 집단에게 일반 시민들보다 훨씬 엄격한 도덕성을 요구했다는 점에서 볼 때, 그가 추구하고자 하는 국가가 철저한 도덕적 이상공동체였음을 짐작할 수 있다.

상	금	머리	통치자	이성	지혜
중	은	어깨	수호자	기개	용기
하	동	하체	생산자	욕망	절제
우열	금속	육체	국가(계층)	영혼(정신)	덕

위의 그림에서 알 수 있듯 플라톤의 철인정치론은 통치자의 지배와 수호자의 보조, 생산자의 복종이 조화를 이

루는 이상적 공화국이었다. 그리고 개인의 영혼 측면에서는 각각 지혜, 용기, 절제의 덕목에 해당되고, 이 덕목은 곧 각 계층의 덕목에 해당된다. 즉, 국가의 정의가 세 계층의 전문화 원리에 의해 이루어질 때 가능한 것처럼, 한 개인의 정의와 올바름은 지혜, 용기, 절제의 세 가지 덕목이 조화를 이룰 때 가능하다.* 이처럼 정의(올바름)는 특정한 영혼, 특정한 계층이 아니라 영혼의 모든 측면과 사회의 모든 계층에게 필요한 덕목이다.** 그리고 정의로운 국가가 잘 통치되고 모두에게 유익하듯, 정의로운 개인도 그 영혼의 조화로움으로 인해 유익하다.

이러한 관점에서 볼 때, 플라톤에게 가장 이상적인 국가체제는 곧 소수의 도덕적이고 지혜로운 통치자 계급이 다스리는 철인통치체제다. 그리고 점차 타락해가는 순서대로 각각, 군인들의 명예정체와 부유한 엘리트들의 과두정체, 대중에 의한 민주정체, 마지막으로 최악의 형태인 참주가 다스리는 참주정체가 있으며, 여기에 각각 대응하는 영혼의 유형이 존재한다.

여기서 유의할 부분은 민주주의가 참주정체(전제정) 다음의 나쁜 형태로 규정되는 대목인데, 대중에 대한 플라

---

* **플라톤** 〈국가〉 제4권 435b-c

** **이정우** 〈개념-뿌리들2〉 161-162쪽

톤의 시각이 무척 부정적이었음을 짐작할 수 있다. 위의 그림에서 보듯이 대중들이 다스리는 국가는 곧 지혜와 용기 같은 이성적이고 고상한 욕망이 없어 무절제하고 방종하기 쉬운 형태로 그려지기 쉬운 것이다.

동굴의 비유

지하의 동굴에서 어릴 적부터 사지와 목을 결박당한 상태로 있는 사람들을 상상력해 보게. 이들은 이곳에 머물러 있으면서 앞만 보도록 되어 있고, 포박 때문에 머리를 돌릴 수도 없다네. 이들의 뒤쪽에서는 위쪽으로 멀리에서 불빛이 타오르고 있네. 또한 이 불과 죄수들 사이에는 위쪽으로 길이 하나 나 있는데, 이 길을 따라 담이 세워져 있는 걸 상상해 보게. 흡사 인형극을 공연하는 경우에 사람들 앞에 야트막한 휘장이 처져 있어서, 이 휘장 위로 인형들을 보여 주듯 말일세. 더 나아가 또한 상상해 보게나. 이 담을 따라 이 사람들이 온갖 것들을 담 위로 쳐들고 지나가는 걸 말일세. 또한 이것들을 쳐들고 지나가는 사람들 중에서 어떤 이들은 소리를 내나 어떤 이들은 잠자코 있을 수도 있네. 만일에 죄수들이 서로 대화할 수 있다면, 이들은 자신들이 벽면에서 보는 것들을 벽면에 스치며 지나가는 것들로 상정할 것이라고 자넨 생각하지 않는가? 또 이 감옥의 맞은편 벽에서 메아리가 울려온다면 어떻겠는가? 지나가는 자들 중에서 누군가 소리를 낼 경우에 그 소리를 내는 것이 지나가는 그림자 아닌 다른 것이라고 이들이 믿을 것으로 자넨 생각하는가? 이런 사람들이 인공적인 제작물들의 그림자들 이외의 다른 것을 진짜라고 생각하는 일은 전혀 없을 걸세.

(중략)

어떤가? 이 사람이 최초의 거처와 그곳에서의 지혜 그리고 그때의 동료 죄수들을 상기하고서는 자신의 변화로 해서 자신은 행복하다고 여기되, 그들을 불쌍히 여길 것이라고 자넨 생각하지 않는가? 그러면 이 점 또한 생각해 보게. 만약에 이런 사람이 다시 동굴로 내려가서 이전의 같은 자리에 앉는다면, 그가 갑작스레 햇빛에서 벗어나왔으므로 그의 눈은 어둠으로 가득 차게 되지 않겠는가? 그렇지만 만약에 그가 줄곧 그곳에서 죄수 상태로 있던 그들과 그 그림자들을 다시 판별해 보는 경합을 벌이도록 요구받는다면, 그것도 눈이 제 기능을 회복도 하기 전의 시력이 약한 때에 그런 요구를 받는다면 어둠에 익숙해지는 이 시간이 아주 짧지는 않을 것이기에, 그는 비웃음을 자초하지 않겠는가? 또한 그가 위로 올라가더니 눈을 버려 가지고 왔다고 하면서 올라가려고 애쓸 가치조차 없다고 하는 말을 듣게 되지 않겠는가? 그래서 자기들을 풀어주고서는 위로 인도해 가려고 꾀하는 자를 지신들의 손으로 어떻게든 붙잡아서 죽일 수만 있다면 그를 죽여 버리려 하지 않겠는가?(제7권 514ª-517ª)

플라톤의 유명한 동굴의 죄수들에 관한 비유다. 그림자만을 진짜라고 믿던 죄수들 중 누군가가 그곳을 빠져 나와 실제 사물을 깨닫고 다시 돌아가 동료 죄수들에게 진실을 알려주고자 하나 오히려 그들에게 희생당한다는 내용이다. 이 이야기는 플라톤이 스승 소크라테스의 삶을 비유적으로 묘사한 것이라고 볼 수 있다. 소크라테스는 아테네에서 동굴생활을 하는 자들을 계몽하려 했고, 그들은 그것을 이유로 그를 죽이게 된다. 그의 동료들을 태양빛 아래로 인도하기를 원했지만 적개심과 몰이해에 맞닥뜨린 귀환자의 이미지는 종종 지식을 얻은 뒤 황급히 돌아온 이가 맞닥뜨려야 하는 납득할 수 없는 경멸에 대한 은유가 된다.*

그림자의 허상을 실재로 착각하고 사는 이미지는 오늘날에도 적용될 수 있다. 창조적 소수자가 기존 관념에 매여 살고 있는 대중들을 선도하는 것이 어렵기는 지금도 마찬가지인 셈이다. 연암이 말했듯, 까마귀 색을 검은 것으로만 알고 맹신하며 살아가는 이들에게 까마귀가 가진 자줏빛과 비취빛의 변화 양상을 말해 주면 세속의 무식한 이들은 자기 견문이 좁은 줄 모르고 마냥 성낼 따름인 것이다. 극단적인 경우로는 서구 과학사의 장면들을 떠올려 볼 수 있다. 지동설의 등장과 함께 중세적 자연관이 위협받을 무

---

* **앤소니 고틀립** 〈이성의 꿈〉 275쪽

렵, 지동설을 주장한 이탈리아의 지식인 조르다노 브루노 (Giordano Bruno. 1548-1600)의 사형은 소크라테스 사후 2,000년이 지나서도 여전히 진리를 말하는 것의 어려움을 증명해 주는 사건이었다. 이처럼 진리를 깨닫고 알리는 일은 대중의 우매함, 견문의 좁음, 기존 권위의 관성 등으로 인해 쉽게 받아들여지지 않고 도리어 사회적으로 배척당하고 더 심하게는 죽임까지 당할 수 있다.

그러나 이러한 비유를 통해 플라톤이 말하고자 한 것은 통치자 계급의 직무를 다하는 철인들은 그 같은 위험 속에서도 진리와 지혜를 대중들에게 알리는 사명을 다해야 한다는 것이다. 스승 소크라테스가 그랬듯, 이상적 공동체를 향한 도정은 이처럼 험난한 진리의 인식과 실천의 과정이다.

이 비유는 소크라테스가 제6권에서 태양의 비유와 선분의 비유로 말하고자 한 것과 통한다. 그가 태양을 통해 사물을 온전히 볼 수 있다는 비유, 그리고 상상력과 믿음, 사유와 오성(이해)으로 점차 상승하는 지식의 계층을 선분으로 구분함으로써 궁극적으로 말하고자 한 것은 철인-왕이 배워야 할 지식의 최종 목적지인 좋음(善)의 형상, 좋음(善)의 이데아에 관한 것이다. 따라서 이데아론(형상이론)은 〈국가〉의 논리를 가장 근본적인 차원에서 규정하는 사유 방식이다.

이데아론(형상이론)

　　아마도 듣기를 좋아하는 사람들이나 구경을 좋아하는 사람
들은 아름다운 소리나 빛깔 및 모양을 그리고 이와 같은 것들로
만들어진 온갖 걸 반길 뿐, 이들의 사고(思考, 마음 상태. dianoia)
는 '아름다움(아름다운 것) 자체'(auto to kalon)의 본성(physis)
을 (알아)볼(idein) 수도 반길 수도 없을 걸세.(제5권 476b)

　　그러니까 '각각의 실재 자체'(각각인 것 자체, x인 것 자체:
auto hekaston to on)를 반기는 사람들은 '지혜를 사랑하는 사람
들'(철학자들)로 불러야지 의견을 사랑하는 사람들로 불러서는
아니 되겠지?(제5권 480a)

　　진정한 철학자는 진실된 것과 아름다운 것들이 아니라
진리 자체와 아름다움 자체에 관심을 갖는 사람들이라고
할 때, 진리 자체와 아름다움 자체에 해당하는 말이 곧 이
데아이다. 즉 존재의 본질이 이데아이다. 이데아는 곧 객관
화된 보편자이며 실체화된 개념이다. 따라서 플라톤이 존
재의 진리를 이데아의 빛 아래서 보았을 때는 존재를 사유
의 빛 아래서 본 것이다. 그는 사물적 존재자에 대한 경험
을 통해 존재의 진리를 회상하고 거기로 되돌아가려 했다.
그가 그 자체로서 객관적으로 존재한다고 생각한 이데아의

세계는 실은 사유하는 정신 자신이었다. 이처럼 플라톤에 이르러 존재의 객관적 진리를 생각의 진리 속에서 찾으려는 서양 형이상학의 토대가 정착된다.*

플라톤은 보편적 지식의 가능성에 대한 믿음과 절대적인 도덕적 기준들의 필요에 대한 확신을 유지하기 위해 오늘날의 과학에서 말하는 자연법칙과 같이 시공간의 세계 밖에 영원한 존재가 있다는 것을 가정할 필요가 있었다. 물론, 이러한 사고는 플라톤 당시의 학문 조류의 영향을 받은 결과다. 실재하는 것은 영원하며 운동하지 않는다고 한 파르메니데스와 물질세계의 끊임없는 변화를 주장한 헤라클레이토스 사이에서 플라톤은 파르메니데스에 입각해서 헤라클레이토스적 상황을 타개하기 위한 방안을 모색하게 된 결과, 형상들(이데아들)과 같은 고정된 어떤 것을 전제하는 식으로 나아가게 된 것.

따라서 〈국가〉에서 소크라테스의 입을 빌려 아름다움 자체에 대해 강조하고 이데아에 대한 지식에 이르지 못한 사고를 단지 의견(판단. doxa)**일 뿐이라고 규정짓는 것이다. 반대로 사물의 실재, 곧 이데아에 이른 앎이야 말로 진정한 지식(인식)이며 철학자가 추구하는 지식이고, 그 이데

---

* **김상봉** 〈나르시스의 꿈〉 244쪽
** **플라톤** 〈국가〉 제5권 476b-d

아 가운데 최상의 이데아가 곧 좋음(善)의 이데아이다. 이러한 이데아의 완전성과 불멸성은 소크라테스가 불멸의 것으로 바라본 영혼에 대한 논의를 통해 확보된다. 정의롭고 완전한 국가상을 개인의 영혼의 모습과 연관 지어 파악하는 논리는 이러한 기본 사유 속에서 비롯되었다.

따라서 소크라테스가 "너의 영혼을 보살피라"고 말한 것처럼, 이데아로 다가갈 수 있는 방법은 자신의 영혼을 다스리는 데 있으며, 이는 곧 이성을 통해 파악할 수 있는 즐거움을 의미한다. 이제 이성을 통해 좋음(善)의 이데아를 추구하는 것이 최상의 행복, 최고의 쾌락인 이상, 표면적인 사물에 집착하는 온갖 욕망들은 모두 한갓 헛된 것들이 될 수밖에 없다.

제1권에서 트라시마코스가 던진 질문, 글라우콘이 제기한 기게스의 반지 등의 물음 등은 이제 좋음(善)의 이데아를 추구하는 이성적 욕망을 최상의 정의와 올바름으로 규정한 소크라테스의 주장 앞에 설 자리를 잃게 된다. 정의로운 국가, 정의로운 개인의 영혼은 좋음(善)의 이데아를 지향하는 이성의 인도에 따라 어느 한 계층과 어느 한 욕망에 사로잡힘 없이 조화롭게 배치되고 조절되는 것이다. 이렇게 올바름(정의)이란 그 자체로도 좋은 것이며, 현실적으로도 충분한 보상이 주어지는 국가와 개인의 작동 원리인 것이다.

플라톤 〈국가〉의 한계

"그러면 나라를 갈라놓아 하나 아닌 여럿으로 만드는 것보다 나라를 위해 더 나쁜 일이 무엇이라 우리들이 말할 수 있겠는가? 또는 나라를 단결시켜 하나로 만드는 것보다 더 좋은 것은?"

"없습니다."

"그런데, 가능한 한 모든 시민들이, 같은 일들이 생기거나 없어질 때, 비슷하게 기뻐하거나 슬퍼할 경우에, 이 기쁨과 슬픔의 공유(koinönia)가 단결을 가져오겠지?"

"전적으로 그렇습니다." 하고 그가 대답했네.

"그렇지만, 동일한 사태의 나라 일들이나 일부 시민들의 일들에 대해 한쪽 사람들은 몹시 상심하는 반면에 다른 쪽 사람들은 몹시 즐거워할 경우에, 이 기쁨과 슬픔을 서로 달리함(idiösis)이야말로 분열을 가져오겠지?"

"왜 그렇지 않겠습니까?"

"그러니까 이런 일은 이로부터, 즉 그 나라에서 '내 것'과 '내 것이 아닌 것'과 같은 말들을 모두 함께 말하지 않을 경우에 생기겠지? 그리고 '남의 것'과 관련해서도 이는 역시 마찬가지이겠지?"

"바로 그렇습니다."

"어느 나라에서건 가장 많은 사람들이 같은 것에 대해서 꼭 같이 '내 것' 그리고 '내 것이 아닌 것'이라 말하는 그런 나라가 가장 잘 다스려지겠지?"

"아주 잘 다스려지고말고요."

"그러니까 한 사람에 가장 가까운 상태에 있는 나라가 그런 나라이겠구만? 이를테면, 우리들 중의 누군가가 손가락을 다쳤을 때, 혼과 더불어 육신 전체에 걸친 공동관계(koinōnia)는 하나의 조직으로, 즉 그 공동관계에서 지배적인 것으로 조직화되어 있어서, 그 아픈 부분을 지각함과 동시에 전 부분들이 일제히 함께 아파하고, 또한 이렇게 해서 우리들도 이 사람이 손가락에 통증을 느끼고 있다고 말하네. 그리고 이는 인체의 어떤 부분의 경우에도, 또한 아픈 부분의 고통의 경우에나 고통이 없어지는 부분의 즐거움의 경우에도 마찬가지이겠지?"

"정말로 마찬가지입니다. 그리고 선생님께서 물으시는 바에 대해서 말씀드린다면, 가장 잘 다스려지는 나라는 그런 상태에 가장 가까이 있는 나라입니다." 하고 그가 대답했네.

"그러면 그런 나라는 시민들 중의 어떤 사람이, 좋은 일이건 나쁜 일이건, 어떤 일을 겪던 간에 그가 겪는 것을 바로 나라의 것이라고 최대한으로 말할 것이며, 또한 온 나라가 함께 기뻐하고 함께 슬퍼하게 될 걸세."

"질서 정연한 나라라면, 반드시 그럴 겁니다." 하고 그가 대답했네.(제5권 462b-e)

국가나 민족이 하나의 이념, 즉 국가주의나 민족주의로 무장하는 순간, 가공할 괴물이 되기 일쑤다. 플라톤이 말하는 국가는 기본적으로 유기체적 특징을 띠고 있다는 점에서 국가나 민족을 절대화하는 국가(민족)주의, 전체주의적 위험성을 안고 있다. 모든 사람들의 행복을 지향하는 사회가 전체주의적 위험성을 안게 되는 이유는 무엇인가? 그것은 공동의 가치를 추구하는 것 자체보다는 그 목표에 이르는 과정에 있다고 할 수 있다. 공동선을 지향하는 사회가 문제가 아니라, 그 공동선을 누가 정하고 그것에 사회구성원들이 얼마나 참여하여 자기 목소리를 낼 수 있느냐의 문제인 것이다. 그런 의미에서 사람의 인체에 비유하여 미세한 아픔을 온 신체 감각이 느낄 수 있다는 것과 사회의 구성원들이 모두 한가지로 공통된 감각을 가져야 한다는 논리는 적절한 유비추리라고 할 수 없다. 그 감각이 소수의 타자의 감각을 외면하는 논리로 왜곡될 여지가 있기 때문이다. 오히려 신체의 아픔을 느끼듯, 구성원들이 다른 구성원들의 아픔을 공감할 수 있어야 한다는 논리로 명확히 규정해야 할 것이다.

또한 시민들의 삶을 나라의 것으로 공유하는 사고는 개인의 다양성을 부정하는 논의로 볼 수 있다. 통치자나 수호자의 사유 재산 금지는 공동의 도덕적 이상 실현을 위해 가치 있는 일이라 볼 수 있으나 시민들 모두의 삶을 온통 공동의 것으로 간주하여 개인의 다양한 삶의 양식을 모조리 부정하는 식으로 사회를 운영해 나간다면, 그 사회는 매우 획일화되고 개성 없는 전체주의적 사회가 될 것이다.

이러한 사고는 기본적으로 대중을 저열한 생산자 계급으로 일반화하여 바라보는 시각 자체에서 찾아 볼 수 있다. 플라톤의 대중관은 근본적으로 현대 서구 민주주의에서 존중되는 다양성과 개인주의라는 가치와는 거리가 멀다. 통치자 계급의 철인군주론을 이상적 정치의 중심에 둔 이상, 엘리트 정치를 옹호하는 것은 당연하며, 그 정치의 정당성을 위해 지배 계층에 엄격한 교육과 수련의 과정을 두는 등, '유토피아'의 실현을 위해 노력하면서 소크라테스는 마지막에 가서 최선의 상황을 개인 각자가 외부의 강요 없이 자기 속에 내재하는 이성에 지배받는 것으로 보지만, 그렇지 못할 경우 외부의 것에서 최선의 것을 찾아야 한다고 주장하기도 한다. 그러나 외부에서 찾을 수 있는 최선의 것을 소수 전문가들의 것으로 너무 쉽게 간주한 점과 그러한 외부적 영향을 모두 똑같이 수용해야 한다는 획일성의 주장이 문제라고 할 수 있다.

이처럼 통일성과 획일성을 지향하는 사회에서 한 가지 관점을 절대화하는 것의 위험성은 〈국가〉 내부에서도 쉽게 목격된다. 통치자, 수호자 계급의 사유 재산을 금지하면서 부인과 아이까지 공유하자는 식의 발상이라든지, 더 나아가 우수한 계층끼리 결혼하여 우수한 아이를 만들자는 우생학적 결정론 같은 시각 등이 그러하다. 그리고 이러한 논리들은 장애아나 미숙아들을 없애자는 영아살해의 주장으로 연결된다.

시인추방설 같은 논리 역시 마찬가지다. 제1권에서 시가를 향유하는 능력을 교양의 상징으로 여긴 소크라테스의 시각과는 달리 제10권 마지막에 오면, 시가 사물의 모방에 불과한 것이라고 폄하한다. 물론, 모방 자체를 모조리 부정했다고 보기엔 무리가 있지만, 이데아론에 의하면 호머 같은 비극시인에 대해서까지 꼬투리를 잡을 여지는 열려 있는 셈이다. 이데아의 세계와 견줘볼 때, 어떤 형식의 예술작품이든 실재에서 세 단계나 떨어져 있기는 마찬가지이기 때문이다. 따라서 이데아론에 입각한 플라톤의 입장에서 그나마 괜찮은 예술품이란 역사적 사실을 딱딱하고 무미건조하게 재현해낸 작품 정도라고 할 수 있다.

이 같은 절대화의 문제는 본질적으로 동굴의 비유에서 발견되듯 세계를 주체와 객체로 바라보는 이분법적 시각에서 찾을 수 있다. 진리를 깨달은 주체에게 어둠에 갇힌 객체는 무지한 대상, 깨우쳐야 할 대상일 뿐, 공존해야 할 대상으로 다가오지 않는다. 물론, 이데아라는 최상의 진리를 깨우쳐 위험에도 불구하고 이를 알려야겠다는 숭고한 사명감이 나름 아름답긴 하지만, 자신의 진리만이 최상의 진리, 절대적 진리, 보편적 진리일 뿐이라는 독선의 발로일 때는 모두를 힘들게 할 수 있다. 동일성과 중심을 지향하여 차이와 타자를 배제하는 식으로 작동하는 논리와 그 실천은 우리가 늘 보았듯, 세계를 정신/육체, 인간/자연, 문명/야만, 서구/비서구, 남성/여성으로 바라보는 이분법적 관점으로 확장될 수 있다. 이때, 전자가 이데아에 가까운 이성, 정상, 선이고, 후자가 감각, 비정상, 악으로 간주된다면, 전자에 의한 후자의 계몽 혹은 정복은 극히 자연스러운 것이 될 수 있다. 마찬가지로 플라톤이 구상하는 이상적 국가론은 위로부터 주어지는 통치자 중심의 국가운영 원리인 이상, 아래로부터 자생적으로 조직되는 대중들의 작은 목소리들을 수용할 수 없다는 한계를 안고 있다.

우리는 플라톤의 엘리트 중심의 전체주의적 사유와 이데아 중심의 관념적 사유에 대한 얼마간의 비판을 그의 제자 아리스토텔레스의 글에서 확인할 수 있고, 플라톤 이후 수많은 정의론과 유토피아에 대한 논의들을 만날 수 있다. 〈국가〉가 갖는 의미는 이렇게 수많은 논의의 장을 아주 폭넓게 펼쳐주었다는 점에서 찾아야 할 듯하다. 올바른 삶과 유토피아를 갈망하는 이라면 누구든 그의 대화를 읽으며 나름의 사유의 힘을 키워나갈 수 있다.

✵ 실전 연습문제

〈1999년 대입 성균관대 논술 정시〉

다음의 제시문은 플라톤의 〈국가〉에서 발췌한 것이다. 이 글에서 화자(話者)는 소크라테스의 생각을 비판하면서 '올바른 것'에 대한 나름의 주장을 개진하고 있다. 그 요지와 논거를 간략히 밝히고, 이에 대한 자신의 견해를 오늘의 현실과 관련하여 논하시오.

　　선생께서는 양이나 소를 치는 이들이 양이나 소에게 좋은 것을 생각하면서 살찌게 돌보는 것은 주인과 자신에게 좋은 것이 아닌 어떤 것을 염두에 두어서라고 생각하시니까 그렇게 말씀하시는 것입니다. 더구나 선생께서는 참된 의미의 통치를 하는 이들이 다스림을 받는 이들에 대해서 마음 쓰는 것은 사람들이 양들을 대할 때와는 어떻게든 다른 데가 있다고 생각하시는데, 그것은 통치자들이 자신의 이득을 보게 될 것과는 그래도 다른 어떤 것을 밤낮으로 생각하고 있다고 믿고 계시기 때문입니다. 그래서 선생께선 올바른 것과 올바름, 올바르지 못한 것과 올바르지 못함에 관해서도 그토록 캄캄하셔서 다음과 같은 사실조차도 모르고 계실 정도입니다. 말하자면 올바름과 올바른 것이란 실은 '남에게 좋은 것', 즉 더 강한 자와 통치자에게 편익인 것이지만 복종하며 섬기는 자에게는 '자신에게 해가 되는 것'인 반면에, '올바르지 못함'은 그 반대의 것입니다. 그래서 사실은, 다스림을 받는 사람들은 강한 자에게 편익인 것을 행하여 그를 섬기며 행복하게 만들지언정 결코 자신들을 행복하게 만들지는 못합니다.

그러니까 지극히도 순진하신 소크라테스 선생이시여, 이에 대해서는 이렇게, 즉 올바른 이는 올바르지 못한 자보다 어떤 경우에나 '덜 가진다'고 생각하셔야만 합니다. 첫째로, 상호간에 계약 관계를 맺고 협력하다가 그 관계를 해지할 경우에, 올바른 이가 올바르지 못한 자보다 '더 많이 차지하는' 걸 선생께서 목격하실 경우는 전혀 없을 것이지만 '덜 차지하는' 걸 목격하실 경우는 있을 것입니다. 다음으로, 나라에 세금을 낼 일이 있을 때에 같은 재산을 근거로 해서도 올바른 사람은 더 많이 내지만 올바르지 못한 사람은 덜 내거니와, 나라에서 받을 것이 있을 때에는 한쪽은 아무 이득도 못 보지만 다른 쪽은 많은 이득을 봅니다. 더나아가, 이들이 저마다 어떤 관직을 맡고 있을 때에도, 올바른 사람의 경우에는 오히려 제 집안 일을 소홀히 함으로써 집안형편을 한결 더 어렵게 만들지언정 그의 올바름 때문에 국고에서 이득을 보는 것이라곤 전혀 없습니다. 게다가 친척들이나 친지들을 부당하게 도와주려고 하는 일이 전혀 없고 보면, 이들에게서 미움마저 사는 일이 있을 수도 있습니다.

　　하지만 올바르지 못한 사람의 경우에는 모든 것이 이와 정반대일 수가 있습니다. 제가 말하려는 사람은 방금 말한 사람, 즉 남들보다 크게 '더 많이 차지할' 수 있는 사람입니다. 그러니 만약에 선생께서 올바름보다 올바르지 못함이 개인적으로는 자신에게 얼마나 더 이로운지를 진정으로 알고 싶으시다면, 그런 사람을 생각해 보세요. 그런데 선생께서 무엇보다도 제일 쉽게 이를 이해하시게 되는 것은 가장 완벽한 상태의 올바르지 못함을 생각해 보시는 경우입니다. 그건 올바르지 못한 짓을 한 자를 가장 행복하도록 만들지만, 반면에 그걸 당한 이들이나 그런 짓이라곤 아예 하려고 하지 않는 이들을 정말 비참하게끔 만드는 경우입니다. 참주(僭主) 정치가의 경우인데, 이는 남의 것을 신성한 것이건 세속의 것이건 개인의 것이건 공공의 것이건 간에, 몰래 그리고 강제로 빼앗기를 조금씩 조금씩 하는 게 아니라 단번에 깡그리 하죠. 이런 올바르지 못한 행위들의 일부를 어떤 사람이 몰래 해내지 못할 때, 그는 처벌을 받고 큰 비난을 받습니다. 사람들이 신전(神殿) 절도범, 납치범, 가택 침입 강도, 사기꾼, 도둑이라 불리는 것은 이와 같은 못된 짓들과 관련하여 부분적으로 올바르지 못한 짓을 했기 때문입니다. 그러나 어떤 사람이 시민들의 재물뿐만 아니라 그들 자신마저 납치하여 노예로 만들게 될 땐, 그런 부끄러운 호칭 대신에 행복한 사람이라거나 축복받은 사람이라 불리지요. 비단 자기 나라의 시민들에게서만이 아니라, 이 사람이 전면적인 불의를 저질렀다는 소식을 들은 다른 모든 사람에게서도 말입니다. 올바르지 못함을 비난하는 사람들이 막상 그걸 비난하는 것은 스스로 올바르지 못한 짓을 행하는 것을 꺼려해서가 아니라 그 피해를 당하는 것이 두려워서니까요.

소크라테스 선생, 이처럼 올바르지 못한 짓이 큰 규모로 저질러지는 경우에는, 그것은 올바름보다도 더 강하고 자유로우며 전횡적인 것입니다. 그러니 제가 처음부터 말씀드렸듯이, 올바른 것은 더 강한 자의 편익이지만 올바르지 못한 것은 자신을 위한 이득이며 편익입니다.

〈 2009 법학적성시험 예비시험 〉

[문항 3]

제시문 (가)와 (나)를 활용하여, 시민의 재판 참여*에 대한 자신의 견해를 〈조건〉에 맞게 논술하시오(1,200~1,500자. 50점).

〈조건〉

1. 제시문 (가)와 (나)에서 시민의 재판 참여에 대한 찬성 혹은 반대
   의 논거를 이끌어낼 것

2. 이 논거들에 대한 평가를 포함할 것

   * 시민의 재판 참여: 일반 시민이 재판 과정에서 피고인의 유·무죄나 형량
     등에 관한 사법적 판단에 참여하는 것을 말함.

(가)

"우리가 지금까지 자세히 기술한 이 나라는 정말 지혜
로운 나라로 내게는 생각되네. 그건 이 나라가 분별이 있기
때문이 아니겠는가?"

"그렇습니다."

"그렇지만 바로 이것, 즉 분별력은 일종의 지식인 것이
분명하네. 사람들이 분별 있게 되는 것은 무지에 의해서가
아니라 지식에 의해서라는 게 확실하기 때문일세."

"그건 분명합니다."

"그러나 이 나라에는 온갖 종류의 많은 지식이 있네."

"어찌 없겠습니까?"

"그러면 이 나라가 지혜롭고 분별 있는 나라로 불릴 수
있는 것은 목수들의 지식으로 인해서인가?"

"결코 그렇지 않습니다. 그것으로 인해서는 목수 일에
밝은 나라로 불릴 뿐입니다."

"그렇다면 이 나라가 지혜로운 나라로 불릴 수 있는 것

은, 목재 용구들에 대한 지식, 즉 어떻게 하면 이것들을 가장 훌륭하게 활용할 수 있을지를 분별하고 숙고하는 지식 덕분은 아닐세."

"분명히 아닙니다."

"그러면, 다음은 어떤가? 청동으로 만든 물건에 관한 지식이나 또는 이런 유의 것들에 관한 다른 어떤 지식 덕분인가?"

"그런 유의 어떤 것으로 인해서도 아닙니다."

"흙에서 나는 생산물에 관한 지식 때문도 아닐 것이니, 이로 인해서는 농사에 밝은 나라로 불릴 뿐이네."

"제게는 그렇게 생각됩니다."

"그렇다면 어떤가? 이제 막 건립된 이 나라에 사는 시민들 중에 이런 지식을 가진 계층이 있겠는가? 이 나라의 어떤 부분에 관련해서가 아니라, 이 나라 전체와 관련해서 어떻게 하면 이 나라가 자기 자신을, 그리고 다른 나라들을 가장 훌륭하게 다룰 수 있을지 분별하고 숙고하는 그런 지식 말일세."

"물론 있습니다."

"그건 무엇이며, 누구에게 있는가?"

"그건 수호(守護)와 관련한 지식이며, 우리가 방금 '완벽한 수호자들'로 불렸던 그 지도자들에게 있습니다."

"그렇다면 이런 지식이 있는 나라를 자네는 뭐라 부르

겠는가?"

"분별 있고 참으로 지혜로운 나라라고 부르겠습니다."

"그러면 자네는 이 나라에 대장장이들이 더 많아질 것이라 생각하는가, 아니면 참된 수호자들이 더 많아질 것이라 생각하는가?"

"대장장이들이 훨씬 더 많아질 것입니다."

"그렇다면, 지식을 지니고 있기에 어떤 분야의 전문가로 부를 수 있는 사람들 중에서 수호자들이 제일 적지 않겠는가?"

"제일 적습니다."

"그러니까 본성에 맞게 건립된 나라 전체가 지혜롭게 되는 것은 나라의 가장 작은 부류나 계층, 그리고 이 지도적 계층 안에 있는 지식 덕분이네. 이 계층은 자연히 가장 적게 될 것이며, 모든 지식 중에서 유일하게 지혜라 불릴 만한 지식을 가지는 것이 마땅하네."

"더 없이 진실한 말씀입니다."

(나)

일상적 지식은 상식, 일상적 체험, 사려 깊은 숙고와 분석에 기반하고 있다. 민간 지식도 일상적 지식의 한 범주이다. 민간 지식이란 개념은 농민들의 토양에 관한 친숙성에서부터 아프리카 원주민의 사냥술, 토착민들의 식물에 관한 지식, 학교 운동장에서 하는 농구의 규칙과 전략에 이르기까지 인간 활동에 광범위하게 적용될 수 있다. 구체적으로 말하면, 민간 지식은 모든 사회에 존재하는 과학적, 전문적, 지적 엘리트들을 규정하는 공식적인 또는 특화된 지식에 대비되는, 비공식적이고 대중적인 지식이라고 할 수 있다. 민간 지식은 텍스트 형태로 기록되기보다는 흔히 구술 형태로 전승되어 비공식 부문에 체계적으로 남아 있다. 반대로 공식적, 과학적 지식은 기록된 텍스트 형태로 조직되어 전달된다. 과학은 자신의 지식을 그것이 생산된 문화로부터 이론적으로 분리하고자 하는 반면, 민간 지식은 그것이 생산된 구체적 문화와 태생적으로 통일되고 그 문화의 내부에서 해석된다.

현대 사회가 과학과 기술의 경이로움에 빠져 있는 동안 민간 지식은 오랫동안 무시되어 왔다. 공식적, 과학적 지식은 민간 지식의 한계를 뛰어넘도록 고안된 우월한 지식 형태라고 널리 정의되어 왔던 것이 사실이다. 과학적 지식의 정통성은 공식적으로는, 보통 사람들이 지니고 있는 일상적 지식과의 인식론적 차별화에 의존한다. 그간 수많은 영역에서 민간 지식을 더 진보된 과학적, 기술적 지식들로 대체하는 것을 명시적인 목표로 삼았다.

그런데 한 가지 기이한 것은, 근대 과학과 기술의 많은 부분이 전통적 지식의 토대 위에서 발전해 왔다는 점을 인식하는 사람들이 거의 없다는 사실이다. 종의 역사를 돌이켜 볼 때 인간은 생존 투쟁을 도와줄 좀 더 효과적인 도구와 수단을 끊임없이 개발해 왔다. 산업 혁명에 앞서 등장했던 기술적 발명들의 주요 목록을 떠올려 보자. 불, 바퀴, 역법, 직조 기술, 도자기, 농사, 산술, 기하학, 천문학, 항해술, 제련 기술, 화약, 고무, 톱니바퀴, 활자, 종이와 인쇄술, 그리고 건축과 도시 계획 등은 근대 문명의 발전에 중요한 역할을 했다. 종교와 철학, 국가와 행정 체계가 발전하는 과정에서도 이러한 사정은 예외가 아니었다.

민간 지식은 고유한 인식론적 지위를 지니고 있을 뿐 아니라, 경험적인 분석과 규범적인 분석 모두에서 중요한 역할을 수행한다.

미국에서 1억부 이상 판매된 기적의 논술가이드
클리프노트가 한국에 상륙했다!!

방대한 고전을 하루만에 독파하는 스피드
다락원 명작노트 **CliffsNotes™** 시리즈는

▶ 미국대학위원회, 서울대, 연·고대 추천 고전을 알기 쉽게 재구성한 대한민국 대표 논술교과서입니다. ▶ 작품의 핵심내용과 사상, 역사적 배경, 심볼, 작가의 의도 등을 명확하게 정리하여 방대한 원작을 쉽고 빠르게 이해할 수 있게 해줍니다. ▶ 미국에서 리포트, 논술용으로 1억 부 이상 팔린 초베스트셀러의 명성에 비평적 사고와 논리적 글쓰기의 모델을 제시하는 〈一以貫之〉의 논술 노트를 통해 사고 능력, 읽기 능력, 쓰기 능력을 체계적으로 길러줍니다.

★〈一以貫之〉 논술연구모임: 대입 논술이 시작될 때부터 학원과 학교에서 논술을 가르쳐온 전문가들의 모임입니다. 현재 서울·분당·평촌·인천·광주·부산·울산 등의 유명 학원과 고등학교의 논술강의 현장에서 학생들이 '자신의 물음'과 '자신의 생각'을 갖고 '자신의 글'을 쓸 수 있도록 도와주고 있습니다.

다락원 명작노트 **CliffsNotes™** 시리즈 50권 출간